# NICHT AUSCHWITZ, ABER STALINGRAD UND DRESDEN

Was haben wir getan, was wußten wir?

Vom VbS am 16.4.94
erhalten — Anlaß die
Verleihung der Landes-
ehrenspange an Oberst
Langél – die Waldhorn-
Jugendbläser mit Peter
haben teilgenommen.

Jürgen Schreiber

# Nicht Auschwitz, aber Stalingrad und Dresden

## Was haben wir getan, was wußten wir?

Bonn 1994

Schriftenreihe
des Ringes Deutscher Soldatenverbände (RDS)

Band 5

ISBN 3-9802699-5-7

© 1994 by Verlag Soldat im Volk
(Förderungsverein deutscher Soldatenverbände e.V.)
Printed in Germany
Gesamtherstellung: Druckhaus Goldammer GmbH & Co. Offset KG,
91443 Scheinfeld
Alle Rechte vorbehalten

# Inhaltsverzeichnis

Geleitwort (Bundesminister a. D. Dr. Erich Mende) .................... 7

Einleitung .................... 9

1. Das politische Vorspiel: 1918–1939 .................... 11
2. Jugend in den zwanziger und dreißiger Jahren .................... 27
3. Zweimal Offizierlaufbahn .................... 44
4. Die 08/15-Sicht auf die frühere Wehrmacht .................... 49
5. Üble Verzerrungen
   (Guernica, Lidice, Oradour, Marzabotto) .................... 59
6. Das Dritte Reich und die Wehrmacht
   in der Beurteilung der ehemaligen Gegner .................... 72
7. Deutsche Militärgerichtsbarkeit .................... 78
8. Luftkriegsterror .................... 83
9. Sport und Kunst gestern und heute .................... 94
10. Vergangenheitsbewältigung oder Traditionspflege? .................... 102

Nachwort .................... 109

Anhang 1: Bilanz der Kriege .................... 113
Anhang 2: »Opfer und Täter« (Dr. Alfred Dregger, MdB) .................... 114
Anhang 3: Manifest deutscher Soldaten zum 1. September 1989 .... 116

Literaturverzeichnis .................... 119

Zur Person des Verfassers .................... 123

Liebe zu Volk und Heimat,
nationales Pflichtgefühl,
Gemeinsinn, Einordnung,
einfaches und schlichtes
Auftreten, Haltung. Dazu
dann diejenigen Tugenden,
die auch christliche sind:
Treue, Annahme, Geduld,
Gerechtigkeit und Selbstentäußerung.

Diese Tugenden werden heute
oft geschmäht, weil einer sie
mißbraucht hatte. Aber die
Möglichkeit des Mißbrauchs
ist ein fehlerhaftes Argument!

Hans Franzen

# Geleitwort

Mit der bedingungslosen Kapitulation der Deutschen Wehrmacht am 8. Mai 1945 war das deutsche Volk der Macht und Willkür der Siegermächte ausgeliefert. Die Vereinbarungen Churchills, Roosevelts und Stalins Ende 1943 in Teheran und Anfang 1945 in Jalta hatten die Aufteilung des alten Reichsgebietes in Besatzungszonen, die Auflösung Preußens, als des angeblichen Ursprungs des deutschen Militarismus, und die Einsetzung eines Alliierten Kontrollrates als höchste Instanz zur Folge. Der altrömische Satz »Vae victis« – »Wehe den Besiegten« fand seine zeitgeschichtliche Bestätigung. Die Kollektivschuld des deutschen Volkes an den Verbrechen der nationalsozialistischen Diktatur und ihres Weltkrieges sollte zur Umerziehung der Deutschen und zur Befreiung vom Nationalsozialismus und Militarismus führen. Entsprechende Gesetze des Alliierten Kontrollrates traten in Kraft.

In dieser politischen und materiellen Not im zerstörten Deutschland bewies die deutsche Nachkriegsdemokratie ihre erste Lebenskraft: Unabhängig voneinander traten die Parteivorsitzenden der wiederbegründeten politischen Parteien der Kollektivschuldthese entgegen, Konrad Adenauer für die CDU, Kurt Schumacher für die SPD, Theodor Heuss als Sprecher der FDP. Ihnen schlossen sich Gewerkschaften, Kirchen und Verbände an, es war ein Aufstand des Gewissens der Überlebenden des Krieges und der Verfolgung, dem sich zumindest die Westmächte letztlich nicht entziehen konnten. So kam rechtsstaatliches Denken von der Verantwortung des Einzelnen für sein Tun und Handeln allmählich wieder zur Geltung; anstelle des die deutsche Wirtschaftskraft durch Demontagen und Produktionsverbote zerstörenden Morgenthau-Planes trat der aufbauende Marshall-Plan. Die rücksichtslose volksdemokratische Gleichschaltung Stalins im sowjetischen Herrschaftsbereich Ost- und Südosteuropas beschleunigte ein Umdenken in den Hauptstädten des Westens. Schließlich sorgte die Blockade Berlins und damit verbunden die Einschätzung der Haltung der Westberliner für eine Umkehr der westlichen Deutschlandpolitik. Sie führte zur Einbindung der aus den drei westlichen Besatzungszonen gebildeten Bundesrepublik Deutschland in die Vertragswerke vom Deutschlandvertrag bis zum Nordatlantischen Bündnis.

Hand in Hand gingen die entsprechenden innenpolitischen Konsequenzen im Aufbau neuer deutscher Streitkräfte vom Freiwilligengesetz bis zur Wehrpflicht und der Ergänzung des Grundgesetzes mit einer Zweidrittel-Mehrheit im Bundestag und Bundesrat. Trotz heftiger politischer Auseinandersetzungen bewährte sich das Spannungsverhältnis zwischen Regierungsmehrheit und Opposition in einer konstruktiven Zusammenarbeit. Auch wechselnde Regierungsmehrheiten und Koalitionen änderten daran nichts. Die Bundeswehr wurde zum geachteten und unverzichtbaren Bestandteil unserer Rechts- und Verfassungsordnung; sie garantierte über Jahrzehnte die Freiheit und den Frieden in der europäischen Gemeinschaft.

Seit dem Beginn der deutschen Einigung im Jahre 1990 setzten aber Unruhe, Unsicherheit und Mißtrauen gegen das größere Deutschland zwischen Aachen und Oder ein. Die Teilung in zwei rivalisierende deutsche Staaten war offensichtlich in London und Paris erwünschter als die Einheit des 80-Millionen-Volkes in einem freiheitlichen Rechtsstaat in der Mitte Europas. Selbst in unserem Land kämpften linksintellektuelle Fanatiker gegen die Einheit und nannten die Teilung eine verdiente Strafe für Auschwitz. Die alte Kollektivschuldthese wurde neu aufgelegt. Damit ging eine neue Kriminalisierung der Wehrmacht Hand in Hand. Die Hamburger Wochenzeitung »Die Zeit« veröffentlichte am 28. Januar 1993 in einer ganzseitigen Abhandlung eine unglaubliche Diffamierung in dem Satz: »Was bald 50 Jahre nach Kriegsende noch fehlt, ist eine öffentliche Darstellung der größten Mord- und Terrororganisation der deutschen Geschichte, der Deutschen Wehrmacht!«

Ein 36jähriger Redakteur verstieg sich zu dieser bösen Entgleisung und Beleidigung von mehr als 15 Millionen ehemaliger Wehrmachtangehöriger, von denen knapp fünf Millionen, also fast jeder Dritte, gefallen oder vermißt sind.

Nicht minder muß es jeden Deutschen schmerzen, wenn es in unserem Land unter dem Schutz der Meinungsfreiheit des Artikels 5 des Grundgesetzes strafrechtlich unbedenklich sein soll, jeden Soldaten, also auch den unserer Bundeswehr, einen »potentiellen Mörder« zu nennen, als wenn der Artikel 1 des Grundgesetzes – »Die Würde des Menschen ist unantastbar« – für den Soldaten nicht gelten würde.

Darum ist die vorliegende Arbeit des Soldaten, Juristen und Zeitzeugen Jürgen Schreiber eine Notwehrreaktion, den Begriffsverwirrungen und Geschichtsfälschungen entgegenzutreten und im Sinne Leopold von Rankes der Wahrheit zu dienen.

                    **Dr. Erich Mende**, Vizekanzler und Bundesminister a. D.

# Einleitung

Es ist nicht mehr genau festzustellen, wann und von wem das Gegensatzpaar »Opfer und Täter« erstmals in Deutschland in die öffentliche Diskussion und in die politisch-historische Literatur eingeführt worden ist. Auf jeden Fall ist es in weitem Umfang verwendet worden, als man vor viel länger als einem Jahrzehnt an Erörterungen heranging, wie und wo man ein nationales Ehrenmal für die Gefallenen des letzten Krieges und zugleich für die Opfer der Gewaltherrschaft errichten solle.

Zunächst hatte man an die in vielen europäischen Hauptstädten und auch in der Provinz zu findenden Mahnmale und Gedenkstätten für den unbekannten Soldaten, den *soldat inconnu*, den *unknown soldier*, den *milite ignoto* usw. gedacht, hatte dann aber sehr bald betont, daß man sich kein reines Soldatenehrenmal vorstelle, sondern die Opfer Hitlerscher Gewaltherrschaft, die Widerstandskämpfer etc. in das ehrende Gedenken einbeziehen wolle. Bei den meisten alten Soldaten, d. h. jenen, die im Zweiten Weltkrieg in der deutschen Wehrmacht gedient hatten, fand dieser Gedanke keine grundsätzliche Ablehnung.

Dann aber kam aus politisch links bzw. ultralinks stehenden Kreisen, vor allem solchen, die sich auf ihre eigene oder ihnen Nahestehender angebliche oder wirkliche Widerstandstätigkeit im Dritten Reich beriefen, die Argumentation auf, man könne und dürfe sich doch nicht der Opfer und Täter an der gleichen Stelle und mit nur *einem* Ehrenmal erinnern.[1] Mit der deutschen Wiedervereinigung ist die Frage erneut heftigst aufgeflammt, da man das Mahnmal, das seinerzeit für einen Standort in oder bei Bonn geplant war, nunmehr in Berlin in der Neuen Wache errichtet hat.

Die Problematik eines solchen Ehrenmals[2] steht nicht im Mittelpunkt der nachfolgenden Erörterungen. Sie zeigt aber – und hier kommt so sicher wie das Amen in der Kirche das Stichwort Vergangenheitsbewältigung hoch –, wie sehr in Deutschland politisches Verhalten, Geschichtsbewußtsein und Traditionsverständnis von antagonistischen Vorstellungen, salopp ausgedrückt: von einem primitiven Schubladen-Denken geprägt sind. Denn wer von Opfern und Tätern spricht, meint letztenendes das Gegensatzpaar Gut und Böse: die einen als die bedauernswerten von grundauf Wertvollen, Aufrechten, Humanen, die nur edlen Zielen verhaftet waren, und die anderen, die Schlimmen, Inhumanen, Verbrecherischen (bestenfalls »nur« Gewissenlosen), die mit der anderen Gruppe – denen aus der entgegengesetzten Schublade – nicht in einem Atemzuge genannt, nicht einmal im Tode gemeinsam geehrt werden dürfen.[3]

Die Ausführungen und Deutungsversuche dieser Arbeit sollen weder so etwas wie eine persönliche Rechtfertigung oder Entschuldigung sein noch eine wissenschaftlich-historische Untersuchung des Dritten Reiches oder seiner Wehrmacht darstellen, was aus Umfangsgründen ohnehin unmöglich wäre. Zu ersterem besteht für den Autor auch kein Anlaß, da er sich als Person leicht hinter den von Bundeskanzler Dr. Helmut Kohl kreierten Begriff der »Gnade der späten Geburt« zurückziehen könnte, denn er war bei Kriegsende gerade 19 Jahre alt geworden,[4] war bis dahin keinen einzigen Tag im Ausland gewesen und als Offizieranwärter auf der militärischen Leiter nicht einmal bis zur Stufe des Leutnants emporgeklommen.

Er hält sich im übrigen keineswegs für so wichtig, daß er sich selbst ein ganzes Buch, eine Autobiographie, widmen würde. Er will jedoch – nach etlichen Veröffentlichungen in ähnlicher Richtung[5] – noch einmal aufzuzeigen versuchen, was die große Mehrheit des deutschen Volkes, was vor allem die Masse der jüngeren Kriegsgeneration (etwa die Geburtsjahrgänge 1921 bis 1928) bis zum Kriegsende getan, gedacht oder eben nicht getan und nicht gedacht haben. Autobiographische Passagen sollen dabei nur ein roter Faden sein, der sich durch die Ereignisse von 1933 bis 1945 und mit einzelnen weiterführenden Gedanken bis heute hindurchzieht.

---

[1] Vgl. dazu die Ausführungen von Dr. Dregger, MdB, im Anhang 2.
[2] Selbst der Begriff Ehrenmal ist umstritten; viele bevorzugen »Mahnmal«, andere ergehen sich in Wortspielen wie Denkmal = denk mal!
[3] Dabei spielten von Anfang an und spielen noch heute Forderungen aller möglichen Gruppen eine Rolle, im Ehrenmal ausdrücklich genannt zu werden oder bestimmte Gruppierungen gerade nicht anzuführen.
[4] Es verdient Erwähnung, daß man nach damals geltendem Recht erst mit 21 Jahren volljährig wurde.
[5] Es ist auf meine im Literaturverzeichnis genannten Bücher zu verweisen sowie auf eine Vielzahl von Aufsätzen, die überwiegend in der Monatszeitschrift »Soldat im Volk« und in der »Luftwaffen-Revue« erschienen sind.

# 1.
# Das politische Vorspiel: 1918–1939

Der Zweite Weltkrieg und das für die heutigen jungen Leute oft nur schwer verständliche Verhalten der Menschen im Dritten Reich sind bloß zu begreifen, wenn man sich der Mühe unterzieht, geistig in die Entwicklung von 1918 bis 1939 einzusteigen. Es ist naiv zu glauben, daß Hitler, seine Partei – die NSDAP – und das Deutsche Reich ab 1919 oder auch nur ab 1933 in einer geraden Linie auf einen Krieg, zumal auf einen Weltkrieg, zugesteuert wären. Dirk Kunert liegt mit seiner Meinung gewiß richtig, wenn er sagt, Hitlers (Außen- und Kriegs-) Politik sei »in ihrer konkreten und aktuellen Darstellung nicht das Ergebnis irgendeiner Langzeitplanung, sondern die Folge von Einbrüchen plötzlicher, unvorhergesehener Ereignisse in den politischen Ablauf«[1] gewesen.

Die Entwicklung vor und nach 1933 ist kompliziert, ja verworren, und manches wird sich erst in etlichen Jahren klären lassen und deutlich werden, wenn in den USA und vor allem im Westen und Osten Europas die Geheimarchive geöffnet werden. Vieles aber ist heute schon erkennbar, und man muß gewisse Tatsachen festhalten, die im Rahmen derzeitiger »Vergangenheitsbewältigung« verdrängt oder verdreht werden, nicht zuletzt im Sinne einer sogenannten Volkspädagogik, die sich weitgehend mit der Re-education der Siegermächte nach 1945 deckt.

Insoweit können wir Rolf Kosiek folgen, wenn er schreibt: »Die Umziehung schloß sich nahtlos an die im Zweiten Weltkrieg insbesondere vom britischen Geheimdienst durchgeführte 'schwarze Propaganda' an und arbeitete... mit Verfälschung und Verzerrung geschichtlicher Ereignisse. Zu den Kernpunkten dieser... während des Zweiten Weltkrieges geplanten und wissenschaftlich wie organisatorisch vorbereiteten Umziehung gehörte die über Schule, Hochschule, Massenmedien und Politiker vorgenommene Vermittlung einer den Siegern genehmen Sicht der Geschichte... Im Gegensatz zu der Zeit nach dem Ersten Weltkrieg fanden sich nach dem Zweiten genügend Deutsche, die sich der Umziehungspolitik der Besatzer zur Verfügung stellten und die Geschichte im gewünschten Sinne darstellten.«[2]

*Der Vertrag von Versailles*

Es würde den Rahmen dieses Buches sprengen, im einzelnen darzustellen, wie es zum Ersten Weltkrieg gekommen ist. Man kann aber als Fazit jahrzehntelanger politischer und wissenschaftlicher Forschung in aller Welt feststellen, daß von Alleinschuld Deutschlands oder der Mittelmächte am Ausbruch des Krieges 1914 nicht die Rede sein kann. Schon 1955 einigte man sich auf einer deutsch-britischen Historikerkonferenz auf die Formulierung: »Die deutsche Politik zielte 1914 nicht auf die Entfesselung eines europäischen Krieges.« Es wird oft behauptet, das Deutsche Reich sei in den Krieg »hineingeschlittert«, ohne ihn zu wollen, allerdings auch ohne alles getan zu haben, ihn in letzter Minute noch zu verhindern. Einige Historiker sprechen dabei von einer »falsch verstandenen Nibelungentreue« gegenüber der Habsburger Monarchie. Die Richtigkeit dieser These mag dahinstehen.

Der Verlauf des großen Krieges ist hinreichend geklärt und bedarf hier keiner näheren Darlegung. Fest steht im übrigen, daß die Mittelmächte 1918 militärisch am Ende waren, die Revolutionen waren das Ergebnis, nicht die Ursache des Zusammenbruchs. Allerdings stand am Tage des Waffenstillstands, 11. November 1918, noch kein bewaffneter feindlicher Soldat auf deutschem Boden. Eine Eroberung mit Waffengewalt – wie 1944/45 – blieb dem Deutschen Reich damit erspart.

Am 28. Juni 1919 unterschrieb Deutschland in Versailles, wo 1870 das Deutsche Reich gegründet worden war, den Friedensvertrag, den nicht nur die politische Rechte bald das »Diktat von Versailles« oder den »Schandvertrag von Versailles« nannte. Auch Reichskanzler Philipp Scheidemann (SPD) sagte zu seinen Bedingungen: »Wer kann als ehrlicher Mann – ich will gar nicht sagen als Deutscher –, nur als ehrlicher vertragstreuer Mann solche Bedingungen eingehen? Welche Hand müßte nicht verdorren, die sich und uns in diese Fesseln legt?«[3]

Später schrieb Winston Churchill: »Die in Paris versammelten Kriegsherren waren dorthin getragen worden von den stärksten, den wütendsten Brandungswellen, die sich jemals in der Geschichte der Menschheit aufgetürmt hatten... Wehe den Führern, wenn sie auf der schwindelnden Höhe des Triumphes am Verhandlungstisch verspielten, was die Soldaten auf hundert blutgetränkten Schlachtfeldern gewonnen hatten.«[4]

Und Theodor Heuss, der erste Bundespräsident, vertrat 1931, also noch vor dem Dritten Reich, die Auffassung, die Geburtsstätte der NSDAP sei nicht München, sondern Versailles, denn der Vertrag, der den Namen dieser Stadt trage, sei die »eigentliche Kraftquelle, von der die nationalsozialistische Bewegung seit ihrem Beginn genährt« werde[5].

Wie aber sahen die wesentlichen Bedingungen dieses Friedensvertrages aus? Die territorialen Folgen für Deutschland waren die Abtretung Elsaß-Lothringens an Frankreich (ohne Volksabstimmung), die Abtretung des Gebietes von Eupen-Malmedy an Belgien (nach einer unter starkem Druck durchgeführten Volksbefragung), Ausgliederung des Saargebietes (für 15 Jahre unter Verwaltung des Völkerbundes, wirtschaftliche Nutzung durch Frankreich), Abtretung der Provinzen Posen und Westpreußen an Polen, Bildung einer »Freien Stadt Danzig« unter Hoheit des Völkerbundes, Abtrennung des Memelgebietes (1923 endgültig an Litauen), dazu kleinere »Gebietskorrekturen«, z. B. das Gebiet um Soldau an Polen, das Hultschiner Ländchen an die Tschechoslowakei. Insgesamt trennte man vom Reichsgebiet über 70 000 Quadratkilometer ab. Für bestimmte Gebiete wurden Volksabstimmungen vorgesehen (Teile Westpreußens, Masuren, Oberschlesien, Schleswig), die zum Teil unter schwersten Pressionen gegen die Deutschgesinnten durchgeführt wurden. Der Anschluß Deutsch-Österreichs wurde verboten, die deutschen Kolonien fielen als Mandatsgebiete an den Völkerbund.

In heutiger Zeit – mit dem allmählichen Wachsen eines vereinigten Europas, mit engsten wirtschaftlichen Verflechtungen auf dem Kontinent und in der Welt, mit jährlichen Touristenströmen über die Grenzen hinweg von Millionen Menschen, mit dem Ende der Zeit des Kolonialismus – kann es sich die jüngere Generation überhaupt nicht mehr vorstellen, was diese ungeheuren Gebietsverluste psychologisch für die Deutschen bedeuteten. Auch bezüglich der abgetretenen Kolonien war es damals ein berechtigtes Gefühl, daß die deutsche Kolonialverwaltung zumindest nicht schlechter, teilweise sogar besser gewesen war als britische, französische, belgische und andere Verwaltungen in Übersee; aber die Kriegsgegner behielten ihre Besitzungen, vermehrten sie sogar noch, während das Deutsche Reich von diesen Rohstoffquellen abgeschnitten war.

Weiterhin wurde durch den Versailler Vertrag die allgemeine Wehrpflicht, die Theodor Heuss 1949 »das legitime Kind der Demokratie« genannt hat,[6] abgeschafft, der Große Generalstab aufgelöst; die Streitkräfte für das in der Mitte Europas liegende und nur wenige natürliche Grenzen besitzende Reich wurden auf 100 000 Mann (und 15 000 Mann Marine) begrenzt. Für Mannschaften und Unteroffiziere wurde eine 12 jährige, für Offiziere eine 25 jährige Dienstzeit festgelegt.

Panzerkampfwagen, Militärflugzeuge und schwere Artillerie wurden völlig verboten, die Zahl der Kriegsschiffe auf ein fast lächerlich erscheinendes Minimum beschränkt; Uboote waren verboten. Tonnage und Bewaffnung der einzelnen Schiffstypen begrenzt.

Noch drückender waren die Reparationsleistungen. Das deutsche Eigentum im Ausland wurde liquidiert, fast die gesamte Handelsflotte sowie die Überseekabel mußten ausgeliefert werden. Man internationalisierte die großen deutschen Flüsse und den Kaiser-Wilhelm-Kanal. Vom rollenden Material der Eisenbahnen mußten über 8000 Lokomotiven, mehr als 13 000 Personen- und 280 000 Güterwagen abgeliefert werden, wobei es sich natürlich überwiegend um die besterhaltenen und modernsten handelte. Dazu die finanziellen »Wiedergutmachungen«, die in die Milliarden Goldmark gingen, aber – kaum zu glauben! – in der Gesamthöhe vertraglich zunächst nicht begrenzt waren. Im übrigen wurden überall alliierte Kontroll- und Überwachungskommissionen eingerichtet, die sich oft in unfairer, manchmal völkerrechtswidriger und fast immer antideutscher Denk- und Handlungsweise gefielen.

Daß dies zu einem beispiellosen wirtschaftlichen Niedergang, zu Massenarbeitslosigkeit und damit zu Verzweiflung und politischer Radikalisierung führen mußte, war abzusehen. Vielleicht waren diese Folgen von den Siegermächten, besonders von Frankreich unter den Deutschenhassern Clemenceau und Poincaré, nicht nur einkalkuliert, sondern gewollt. Für das deutsche Volk trat neben die rein wirtschaftlichen Folgen die große nationale Demütigung, die der Versailler Vertrag, die rigorose französische Nachkriegspolitik und die Nichteinhaltung der von den Siegermächten übernommenen Verpflichtungen bedeuteten.[7]

*Goldene zwanziger Jahre?*
Für die Zeit von 1920 bis 1930 wird heute oft der Begriff »Goldene Zwanziger Jahre« gebraucht. Ursprünglich hat er sich auf die kulturel-

le Entwicklung bezogen, wie sie sich in Berlin und anderen Großstädten des Reiches darstellte.
Mehr und mehr benutzten jedoch unsere Politiker, besonders aber unsere Massenmedien, diesen Begriff generell für diese Zeit, also für die Periode der Weimarer Republik, die ihren Namen nach jener Stadt bekommen hat, in der im Sommer 1919 die Nationalversammlung eine Verfassung beschloß: die sogenannte Weimarer Reichsverfassung, die am 11. August 1919 durch den Reichspräsidenten Friedrich Ebert ausgefertigt wurde.
Die nun folgende Zeit kann im großen und ganzen nur als wirr, ja chaotisch bezeichnet werden; da war beim besten Willen nichts von goldenen Jahren zu spüren. Über die ersten Nachkriegsnöte kann man exemplarisch – ein Beispiel damals unter Hunderten von Pressestimmen – in einer Zeitung am 26. Januar 1920 lesen: »Die Wirtschaft leidet schwer unter den Kriegsfolgen. Es macht große Schwierigkeiten, die heimgekehrten Soldaten und die heimkehrenden Kriegsgefangenen in das Erwerbsleben einzugliedern. Das Wort 'erwerbslos' wird für Jahrzehnte zum Schreckgespenst für Millionen von Menschen. Die Reichsverordnung für Erwerbslosenfürsorge verpflichtet die Gemeinden, eine Fürsorge für Erwerbslose einzurichten, der sie nicht den Rechtscharakter der Armenpflege beilegen dürfen.«[8]
Wer die damalige Presse liest, findet ständig Klagen über steigende Kriminalität, insbesondere die Zunahme der Diebstähle, und über Schieberunwesen, Schleichhandel aller Art und Bestechlichkeit. 1920 kam es zum sogenannten Kapp-Putsch rechtsstehender politischer Kräfte, benannt nach dem Generallandschaftsdirektor Ostpreußens, Dr. Wolfgang Kapp, der den Putsch zusammen mit dem Generalleutnant Walther Frhr. von Lüttwitz und dem Führer der 2. Marine-Brigade, Korvettenkapitän Hermann Ehrhardt, leitete. Der Umsturzversuch scheiterte, da weder die Mehrheit der Reichswehr noch größere Teile der Beamtenschaft und des Bürgertums mitspielten und die Gewerkschaften den Generalstreik ausriefen.
Das war aber keinswegs der größte und schon gar nicht der blutigste revolutionäre Akt in der noch völlig ungefestigten Republik. 1920 gab es einen kommunistischen Aufstand in Sachsen und einen weiteren im Ruhrgebiet, die die Regierung nur mit Hilfe der Reichswehr niederschlagen konnte. 1921 kam es zu weiteren Kommunistenaufständen in

Mitteldeutschland und Hamburg; im gleichen Jahr besetzten alliierte Truppen Düsseldorf und Duisburg, später auch Mülheim und Oberhausen. Freikorps kämpften in Oberschlesien gegen eindringende polnische Freischärler. Es war außen- und innenpolitisch eine mehr als turbulente Zeit, besonders, als 1923 französische und belgische Truppen widerrechtlich das Ruhrgebiet besetzten und deutscherseits offiziell zum passiven Widerstand aufgerufen wurde. Die Darstellung militärischer Kämpfe, revolutionärer Umtriebe – nicht zu vergessen Hitlers Marsch 1923 zur Feldherrnhalle in München – und politischer Morde würde viele Bände füllen. Die diesbezügliche Literatur wird leider viel zu wenig zur Kenntnis genommen, weil sie dem gewünschten Bild widerspricht: vor dem Terror ab 1933 hätten friedliche, demokratische Jahre gelegen. So war es eben nicht![9]

Dabei ist auch an partikularistische Bestrebungen im Rheinland und in Bayern zu erinnern, dann aber auch an die straff organisierten uniformierten »Privatarmeen«. Da waren nicht nur die Sturmabteilung(en) der Nationalsozialisten (SA), sondern auch die militanten Organisationen von KPD und SPD: der sehr aggressive Rotfrontkämpferbund und das mehr zur Weimarer Republik neigende Reichsbanner, daneben alle möglichen größeren und kleineren uniformierten und nicht uniformierten Gruppen, nicht zu vergessen die Vielzahl von studentischen und sonstigen Jugendbünden, die einerseits das ganze politische Spektrum von rechts bis links abdeckten, andererseits aber sich auch oft als unpolitisch bezeichneten.

Wirklich gut ging es dabei eigentlich niemandem, ganz besonders nicht den Arbeitern und der Landwirtschaft.[10] Aber auch die Beamten waren, wenn sie auch das Privileg der Unkündbarkeit hatten, arm dran, vor allem die Zehntausende von Beamten der unteren Gehaltsgruppen, wie sie vornehmlich bei Reichspost und Reichsbahn zu finden waren.

Bei all den wirtschaftlichen Nöten dieser Zeit war vielleicht das Bedauerlichste, daß sich für diesen (eigentlich gut konzipierten, aber innerlich allzu schwachen) Staat kaum einer wirklich engagieren wollte. Ein Mann, der damals im auswärtigen Dienst des Reiches stand, sagt hierzu: »Das Schlimme war, daß sich eigentlich außer der Staatspartei und der deutschen Volkspartei niemand so recht mit der Weimarer Republik identifizieren wollte ... Es war eigentlich niemand da, der wirklich bereit war, sich für die ... Republik einzusetzen.«[11]

Gewiß bedeutete diese Zeit keine gleichmäßige wirtschaftliche und politische Talsohle. Nachdem im Herbst 1923 ein US-Dollar etwa 4,2 Billionen Papiermark entsprochen hatte – eine für uns noch heute kaum vorstellbare Summe! –, brachte die Währungsreform Ende dieses Jahres die Umwandlung von 1 Billion Mark in 1 Rentenmark. Danach folgte ein ganz langsamer wirtschaftlicher Gesundungsprozeß, so daß Gustav Stresemann 1924 von dem (berühmten) »Silberstreifen am Horizont« sprechen konnte. Dieser wurde jedoch immer wieder von den erwähnten außen- und innenpolitischen Gewittern verdeckt.

Der Dawes-Plan von 1924 und der Young-Plan von 1929 brachten Milderungen der deutschen Reparationsverpflichtungen; in den späten zwanziger Jahren war ein wirtschaftlicher Aufschwung für viele Deutsche spürbar. Doch es folgte die Weltwirtschaftskrise (ab 1929), im Deutschen Reich stieg die Arbeitslosenquote 1930 auf 4,5 Millionen und 1932 auf 6,2 Millionen. Den meisten Deutschen schien deshalb in den frühen dreißiger Jahren die Weimarer Republik als hoffnungsloser Staat der politischen und wirtschaftlichen Mißerfolge und mit zeitweise über 30 Parteien, die sich um Reichstagssitze bewarben, als eine Art von Kampf aller gegen alle. Wie gesagt: ein Staat, für den man sich nicht mehr engagieren wollte.

So ist folgende Beurteilung der damaligen Situation wohl im großen und ganzen zutreffend: Die Weimarer Republik ist nicht an zu vielen Radikalen auf den politischen Flügeln, sondern an zu wenig wehrhaften Demokraten kaputt gegangen. Es fehlte einfach an Menschen, die bereit waren, für Freiheit und demokratische Ordnung vorbehaltlos und mutig einzustehen. (Dies könnte eine Lehre für die heutige Zeit sein!)

Treffend hat Franzen das Wählerpotential beschrieben, das letztlich den Sieg der Hitlerpartei bewirkt hat: »In den Sog gerieten große Teile des Mittelstandes, des Kleinbürgertums, der Arbeiterschaft..., hoffende Arbeitslose, ehrenwerte Frontsoldaten, vagabundierende Revolutionäre und unzufriedene Existenzen aller Art, schließlich im letzten Stadium 1932/33 Konservative, die nur noch die Alternative Nationalsozialismus oder Kommunismus sahen und die glaubten, Hitler neutralisieren zu können.«[12]

*Die Zeit von 1933 bis 1939*
Die Nationalsozialisten stellten Adolf Hitlers Ernennung zum deutschen Kanzler am 30. Januar 1933 gern als »Tag der Machtergreifung« oder – noch mehr übertreibend – als »Nationale Revolution« (oder deren Beginn) dar. In Wirklichkeit handelte der 1932 zum zweiten Mal zum Reichspräsidenten gewählte greise Generalfeldmarschall von Hindenburg nur pflichtgemäß und in völligem Einklang mit der Weimarer Verfassung, als er Hitler zum Reichskanzler berief, der eine Koalitionsregierung (noch ohne nationalsozialistische Mehrheit) bildete.
Diese Regierung erschien vielen Deutschen deshalb auch in formaler Hinsicht irgendwie normaler als die »nur« auf dem Notverordnungsrecht des Art. 48 der Weimarer Verfassung beruhenden Kabinette Brüning (1930), v. Papen (1932) und v. Schleicher (1932).
Am 27. Februar 1933 brannte dann das Reichstagsgebäude in Berlin. Als Täter wurde der Holländer Marinus van der Lubbe gefaßt, ein fast schwachsinniger ungelernter Arbeiter, der schon als Pyromane bekannt war. Vor der Polizei und später vor dem Reichsgericht hat er nie politische Hintermänner seiner Tat genannt. Bis heute ist deshalb ungeklärt, ob er von Kommunisten, von Nationalsozialisten (mit oder ohne Wissen der obersten Führung) oder von anderen angestiftet oder vorgeschickt worden ist. Auch eine Alleintäterschaft konnte bislang nicht ausgeschlossen werden, ist sogar wahrscheinlich. Jedenfalls wurde er in einem formal ordnungsmäßigen Verfahren zum Tode verurteilt und 1934 hingerichtet, während die mitangeklagten Kommunisten (Ernst Torgler, Georgi Dimitroff u. a.) freigesprochen wurden.
Ohne Zweifel kam dieser Brandanschlag den Nationalsozialisten, wenn sie schon nicht die Urheber waren, sehr gelegen. Man verhaftete sofort 4000 kommunistische Funktionäre als angebliche Hintermänner der Tat, verbot die kommunistische und vorübergehend auch die sozialdemokratische Presse. In einer Notverordnung vom 28. Februar 1933 wurden die wichtigsten Grundrechte der Verfassung außer Kraft gesetzt. Formaljuristisch war dies im Hinblick auf das Notverordnungsrecht vertretbar, vor allem aber wurde es wohl von einer Mehrheit des Volkes moralisch mitgetragen: in der Bevölkerung, die »die wirklichen Zusammenhänge zunächst nicht erkennen konnte, wirkte das Schreckensbild des brennenden Reichstags weithin als Bestätigung der nationalsozialistischen These vom drohenden bolschewistischen Chaos

und veranlaßte viele, sich für die NSDAP zu entscheiden, die sich so nachdrücklich als Retterin vor dem Unheil ausgab.«[13] In der Rückschau kann man sicher sagen, daß die Weimarer Republik damit faktisch zu bestehen aufgehört hatte.

Allerdings wurde am 5. März 1933 noch einmal eine Reichstagswahl durchgeführt, und zwar im wesentlichen korrekt. Sie brachte den Regierungsparteien nur eine knappe Mehrheit, 43,9 % der Wähler stimmten für die NSDAP, 8 % für die Deutschnationalen, zusammen also fast 52 %. Die Sozialdemokraten erhielten 18,3 %, die Kommunisten 12,3 %, der Rest verteilte sich auf mehrere Parteien der bürgerlichen Mitte. Das war für Adolf Hitler gewiß kein überragendes Ergebnis, zeigte aber eine eindeutige Abwendung des Volkes von den Linksparteien.

Am 21. März 1933 kam es zum sogenannten Tag von Potsdam. Das war ein geschickt vorbereitetes Schauspiel in der Potsdamer Garnisonkirche anläßlich der feierlichen Eröffnung des Reichstags. Im Deutschen Reich und in der ganzen Welt wurde vor allem das bis heute bekannte Bild verbreitet: Hitler, bürgerlich-korrekt im Cut, verneigt sich ehrfurchtsvoll vor dem 85 jährigen Reichspräsidenten Paul von Hindenburg, der in Generalfeldmarschallsuniform erschienen ist. Das wurde von vielen, ganz besonders von der noch zögernden bürgerlichen Mitte, als ein Signal der Versöhnung zwischen Konservativen und Rechtsliberalen einerseits und andererseits den sich häufig revolutionär gebenden »Nazis« gedeutet. Es kam das allgemeine Gefühl auf, daß es nach dieser »Versöhnung« – weitgehend als Kompromiß zwischen Radikalen und Gemäßigten verstanden – nicht zu jenen extremistischen Entwicklungen kommen werde, wie sie sich in Hitlers Buch »Mein Kampf« und im Parteiprogramm der NSDAP sowie in Presseverlautbarungen der vorhergehenden Zeit manifestiert hatten. Ein großer Irrtum zwar, aber wer will das den damals sich nach Sicherheit und Ordnung sehnenden Menschen verübeln?

Am 2. August 1934 starb Hindenburg. Hitler wurde als »Führer und Reichskanzler« in einer Person Staatsoberhaupt und Regierungschef; er ließ die Reichswehr sogleich auf sich persönlich vereidigen. Kurz vorher – Ende Juni – hatte der sogenannte Röhm-Putsch stattgefunden, über dessen Hintergründe und einige Einzelheiten bis heute unterschiedliche Auffassungen vertreten werden. Fest steht, daß etwa ein

Dutzend hoher SA-Führer erschossen wurde, daneben aber auch andere Gegner oder vermeintliche Gegner Hitlers umkamen, wie die Generale v. Schleicher und v. Bredow. Insgesamt wurden 83 Personen ermordet, wobei als Begründung ein angeblicher Staatsnotstand herhalten mußte: die SA habe gegen Hitler putschen wollen. Die Maßnahmen wurden sogar nachträglich durch ein Gesetz legalisiert, in dessen einzigem Artikel es hieß, daß die zur Niederschlagung hoch- und landesverräterischer Angriffe am 30. 6. und 1. und 2. 7. vollzogenen Maßnahmen als Staatsnotwehr Rechtens seien.

Damit war in Verbindung mit dem schon am 24. März 1933 ergangenen Gesetz »zur Behebung der Not von Volk und Staat« eine formale Legalisierung von Machenchaften und Untaten vorgenommen worden, die es Polizei, Staatsanwaltschaften und Gerichten unmöglich machte, entsprechende Untersuchungen einzuleiten und Strafverfahren durchzuführen. Es kann aber auch nicht davon die Rede sein, daß damals so etwas wie ein allgemeiner Aufschrei durch das deutsche Volk ging. Dazu wußte der einzelne viel zu wenig von den Einzelheiten. Man darf Franzen zustimmen, wenn er schreibt, die Vorstellung, daß das deutsche Volk »in den dramatischen, zunächst ganz unübersichtlichen Tagen nach der Mordserie am 30. Juni 1934 spontan wie ein Mann hätte aufstehen können und müssen, ist illusionär und absurd. Das Beispiel DDR 1989,« das heute vielfach als Vergleich herangezogen wird, ist hier »aus vielen Gründen kein Einwand; insbesondere war der Behauptungswille der Greise in der SED-Führung erlahmt, während Hitlers Machtwille unbändig war.«[14] Ein Offizier, der seinerzeit Generalstabsoffizier im Wehrkreiskommando in Berlin war, urteilte später: »Reichspräsident und Kabinett, vom Reichstag ganz zu schweigen, stimmten den Erklärungen des Reichskanzlers am 13. 7. 1934 zu. Alles atmete auf, daß das Schlimmste verhütet worden war; jeder gab sich der Hoffnung hin, daß nun wieder normale politische Verhältnisse eintreten würden... Man glaubte zuversichtlich, die Revolution würde nun in die Evolution einmünden.«[15] In dieser Zeit wurde der Begriff »revolutionäre Randerscheinungen« geprägt und kolportiert, und zwar im gleichen Sinne, wie man auch auf das Sprichwort »Wo gehobelt wird, da fallen Späne« zurückgriff: Die Gesamtrichtung sei gut und zukunftsträchtig, da müsse man ein paar Fehlentwicklungen wohl in Kauf nehmen...

Die Reichswehr, besonders in den nord- und mitteldeutschen Garnisonen, war hinsichtlich der Röhm-Revolte ziemlich ahnungslos, vor allem, was das jüngere Offizierkorps anbetrifft.[16] Als dann die Ermordung der Generale v. Schleicher und v. Bredow bekannt wurde (ebenso vier Jahre später die mehr oder weniger entehrende Entlassung des Reichskriegsministers, Generalfeldmarschall v. Blomberg, und des Oberbefehlshabers des Heeres, Generaloberst Frhr. v. Fritsch), verhielt sich das Heer, einschließlich der höheren Offiziere, durchweg ruhig. Es gab weder flammende Proteste noch Berge von Rücktrittserklärungen oder Entlassungsgesuchen. »Wahrscheinlich waren es viele Gründe, welche die hohen Offiziere zum Schweigen veranlaßten: Loyalität zum Staat, übertragen auf das Regime, Solidarität mit der Reichsregierung, die weder im Innern noch nach außen bereits einen festen Stand hatte, Anerkennung der dynamischen Führungskraft, die schon Erfolge vorzuweisen hatte – vielleicht auch kritikloses Vertrauen auf Hitler –, um dessen große Ziele nicht zu gefährden.«[17]

Die unguten Geschehnisse der Jahre 1933 und 1934 wurden im Bewußtsein des Volkes völlig überwuchert durch große wirtschaftliche und politische Erfolge Hitlers und seiner Führungsmannschaft. Die als besonders drückend empfundene Arbeitslosigkeit ging schon in den ersten Monaten nach der Regierungsübernahme drastisch zurück. Aus den 5–6 Millionen Arbeitslosen am Ende der Weimarer Republik wurden 1934 2,7 Millionen, 1936 knapp 1,6 Millionen und 1939 119 000. Nach wirtschaftswissenschaftlichen Maßstäben war dies weit mehr als Vollbeschäftigung! Sehr positiv verlief für breite Volksschichten, besonders aber für die Arbeiterschaft, die Lohnentwicklung.[18] Unverkennbar war vor allem der industrielle Aufstieg. Setzt man für das relativ günstige Jahr 1928 den Index 100, so gilt für 1933 66, für 1936 107 und für 1939 132.[19] Der Bau der Autobahnen, die Entwicklung der Reichsbahn, die Förderung der Landwirtschaft und spektakuläre soziale Maßnahmen, beispielsweise der Aufbau der Organisation »Kraft durch Freude« (KdF),[20] brachten den Nationalsozialisten im Bewußtsein der Bevölkerung gewaltige Pluspunkte ein. Durch Unterdrückung der oppositionellen Presse und Aufbau eines gigantischen NS-Propagandaapparates, nicht zuletzt Nutzung des neuen Mediums Rundfunk, wurden alle diese Erfolge übertrieben herausgestellt, Zweifel und Bedenken galten als reaktionär, ja volks- und fortschrittsfeindlich.

1933 trat Deutschland aus dem Völkerbund aus, der in der Bevölkerung ohnehin nur geringe Sympathie genoß; 1934 wurde ein Freundschafts- und Nichtangriffspakt zwischen Deutschland und Polen abgeschlossen, 1935 folgte die Rückgliederung des Saargebietes in das Deutsche Reich, nachdem dort eine Volksabstimmung 91% der Stimmen für eine Rückkehr zum Reich gebracht hatte. Am 16. März 1935 wurde die allgemeine Wehrpflicht eingeführt. Die Entwicklung einer Luftwaffe und der Bau von Ubooten, später auch von Großkampfschiffen, begann. All dies wurde von der weit überwiegenden Mehrheit als »Befreiung aus den Fesseln des Versailler Vertrages« begrüßt und bejaht. Kaum jemand sah darin eine zu militärischen Aggressionen führende Aufrüstung, niemand vermutete insoweit Welteroberungspläne. Der Friedenswille der neuen Regierung schien sich auch durch ein deutsch-britisches Flottenabkommen zu manifestieren, in dem der Umfang der deutschen zu den britischen Seestreitkräften auf das Verhältnis 35:100 festgelegt wurde.

Im März 1936 marschierte die Wehrmacht in das bis dahin entmilitarisierte Rheinland ein. Eine Volksbefragung, verbunden mit Reichstagswahlen, ergab 99% Ja-Stimmen für die Außenpolitik. Die Olympiade 1936 in Berlin brachte dem Deutschen Reich im In- und Ausland überwiegend Zustimmung und Sympathie. Die Nationalsozialisten feierten sie als ein Fest des Friedens und der Völkerverständigung. Die sportlichen Erfolge der deutschen Mannschaft waren dabei unerwartet groß.

Das Eingreifen Deutschlands in den spanischen Bürgerkrieg (deutsche Legion Condor, überwiegend Luftwaffe) wurde zunächst geheimgehalten, später großartig als Sieg über den Bolschewismus gefeiert. Die Untaten der Kommunisten – Ermordung nicht nur von politischen Gegnern, sondern auch von unzähligen Priestern, Nonnen usw. – wurden in Deutschland groß herausgestellt, Rechtswidrigkeiten der nationalspanischen Seite verschwiegen. Auch hier empfand die Mehrheit des deutschen Volkes Befriedigung über die Abwehr des Weltkommunismus.

Die gleichgeschaltete Presse und der staatliche Rundfunk taten das ihrige, so daß keine moralischen Zweifel aufkamen.

1938 wurde mit dem Einmarsch der Wehrmacht in Österreich – nunmehr die Ostmark genannt – das Großdeutsche Reich gegründet. Nirgends gab es Widerstand, die deutschen Truppen wurden überall begeistert begrüßt. 1988 berichtete darüber eine deutsche Sonntagszeitung unter der großen Überschrift: »Die Ohren schmerzten vom Jubellärm der Österreicher beim Anschluß...«[21]

Im gleichen Jahr (1938) wurde nach dem Münchner Abkommen (Hitler, Mussolini, Chamberlain, Daladier) das Sudetenland besetzt und von der Tschechoslowakei abgetrennt.

Darauf erklärte Hitler in einer öffentlichen Rede: »Ich habe nur weniges zu erklären: Ich bin Herrn Chamberlain dankbar für seine Bemühungen. Ich habe ihm versichert, daß das deutsche Volk nichts anderes will als Frieden. Ich habe ihm weiter versichert und wiederhole es hier, daß es für Deutschland in Europa kein territoriales Problem (keine Gebietsforderungen) mehr gibt. – Wir wollen gar keine Tschechen!«

Solche Friedensbeteuerungen nahm man im Volk gern zur Kenntnis. Man glaubte ihnen, weil man ihnen glauben wollte. Wer mochte sich damals vorstellen, daß Worte Hitlers weniger wert waren als ein die Blätter aufwirbelnder Windstoß?

Für die innerstaatliche Opposition gegen Hitler bedeutete die Münchner Konferenz einen großen Rückschlag, denn sie führte dazu, »daß viele, die sich der Opposition vornehmlich wegen Hitlers Risikopolitik angeschlossen hatten, den Nationalsozialismus aber noch nicht aus innerer Überzeugung ablehnten, der Opposition verloren gingen. Auch zahlreiche grundsätzlich und innerlich entschiedene Gegner Hitlers sahen jetzt keine Möglichkeit mehr, dem so unblutig erfolgreichen Führer in den Arm zu fallen. Offiziere, Soldaten und ein Großteil des Volkes standen im Banne der Erfolgspsychose.«[22]

Und trotzdem – allen Erklärungen und persönlichen Erwartungen zuwider – befahl Hitler im Frühjahr 1939 den Einmarsch in die Rest-Tschechei.

Sie wurde zum »Protektorat Böhmen und Mähren«, während die Slowakei formell selbständig wurde. Kurz darauf erfolgte dann auch noch die Wiedervereinigung des Memelgebietes mit dem Deutschen Reich.

Bis dahin empfand das deutsche Volk alle politisch-militärischen Maßnahmen – mit Ausnahme der Bildung des »Protektorats« – als Beseitigung der Bestimmungen des »Versailler Schanddiktates«, man sprach offiziell und im privaten Kreis durchweg von der »Heimholung« der deutsch besiedelten Gebiete ins Reich.

Bundestagspräsident Dr. Philipp Jenninger hat in seiner berühmten Rede vor dem Bundestag am 9. November 1988, die leider alsbald zu seinem Rücktritt führte, sehr treffend ausgeführt: »Für die Deutschen, die die Weimarer Republik überwiegend als eine Abfolge außenpolitischer Demütigungen empfunden hatten, mußte dies alles wie ein Wunder erscheinen. Und nicht genug damit: aus Massenarbeitslosigkeit war Vollbeschäftigung, aus Massenelend so etwas wie Wohlstand für breiteste Schichten geworden. Statt Verzweiflung und Hoffnungslosigkeit herrschten Optimismus und Selbstvertrauen... Und noch eines darf nicht übersehen werden: Alle die staunenerregenden Erfolge Hitlers waren insgesamt und jeder für sich eine nachträgliche Ohrfeige für das Weimarer System. Und Weimar war ja nicht nur gleichbedeutend mit außenpolitischer Schwäche, mit Parteiengezänk und Regierungswechseln, mit wirtschaftlichem Elend, mit Chaos, Straßenschlachten und politischer Unordnung im weitesten Sinne...« Ins Schwarze trifft auch Jenningers Bemerkung »Die Jahre von 1933 bis 1938 sind selbst aus der distanzierten Rückschau und in Kenntnis des Folgenden noch heute ein Faszinosum insofern, als es in der Geschichte kaum eine Parallele zu dem politischen Triumphzug Hitlers während jener ersten Jahre gibt.«

Das war die Situation am Vorabend des Zweiten Weltkrieges. Zwar hatte es seit der Reichstagswahl vom 5. März 1933 keine »echten Wahlen« (Wahlmöglichkeit zwischen mehreren Parteien) mehr gegeben, denn außer der NSDAP waren alle Parteien entweder verboten worden oder hatten sich unter Druck selbst aufgelöst, aber verschiedene Volksabstimmungen (1933, 1934, 1936, 1938) brachten zwischen 84 und 99% der Stimmen für die Nationalsozialisten bzw. für Hitlers politische Entscheidungen.

Ganz gewiß war nicht *jeder* Deutsche mit *allem* einverstanden, was Hitler, seine Partei und seine Regierung getan oder auch nicht getan hatten. Sicher gab es überall auch Kritik, gab es versteckten (seltener offenen) Widerstand, aber die Gesamtentwicklung in politischer, wirtschaftlicher und sozialer Hinsicht wurde von einer riesigen Mehrheit des deutschen Volkes bis zum 1. September 1939 bejaht. Daran kann gar kein Zweifel bestehen. Joachim Fest, einer der bedeutendsten Hitler-Biographen, hat in seiner »Vorbetrachtung« gesagt: »Wenn Hitler Ende 1938 einem Attentat zum Opfer gefallen wäre, würden nur wenige zögern, ihn einen der größten Staatsmänner der Deutschen, vielleicht den Vollender ihrer Geschichte, zu nennen. Die aggressiven Reden und 'Mein Kampf', der Antisemitismus und das Weltherrschaftskonzept wären vermutlich als Phantasienwerk früher Jahre in die Vergessenheit geraten...«[23]

Die repressiven Maßnahmen gegen Juden, ganz besonders die berüchtigte »Reichskristallnacht« vom 9. November 1938, erschreckten viele Menschen in Deutschland, aber bis Kriegsbeginn waren es keine Massenmorde, und das Schlimme, was geschah, wurde durch die NS-Propaganda geschickt begründet, teilweise sogar als Vergeltung für jüdische Untaten dargestellt. Formelle Gesetze deckten manches ab, was wir aus heutiger Sicht als absolut indiskutabel werten müssen. »Die Gleichgültigkeit gegenüber Judenverfolgungen resultierte aus traditionell im Bürgertum stark verbreitetem Antisemitismus... Die Gewalttaten der Pogromnacht allerdings gingen diesem Bürgertum zu weit, das SA und SS als Pöbel verachtete.«[24] Man betrachtete die gröbsten Vorfälle immer noch als Exzesse »wild gewordener Funktionäre«, ja es ging immer wieder das Wort um: Wenn das der Führer wüßte...
Immerhin hat der britische Staatsmann Lloyd George 1936 Hitler als »größten lebenden Deutschen« bezeichnet, und von Winston Churchill, Herbert Hoover (US-Expräsident), Avery Brundage (Olympia-Komitee) und anderen angloamerikanischen Persönlichkeiten sind eindeutige positive Äußerungen über Hitler und das Dritte Reich (bis 1938/1939) bekannt. Wie will man da dem deutschen Volk – aus seiner *damaligen* Sicht – Vorwürfe machen?

Als dann am 1. September 1939 der Krieg ausbrach, gab es nirgends in Deutschland so etwas wie patriotischen Überschwang, wie man ihn beim Kriegsausbruch 1914 erlebt hatte. »Das deutsche Volk hat den Kriegsausbruch (1939) wie ein unabwendbares Unheil hingenommen... Erst die unerwarteten Erfolge der ersten Kriegswochen haben die fatalistische Stimmung der deutschen Öffentlichkeit in jene selbstvertrauende, illusionsbereite Zuversicht verwandelt, die dann bis zur ersten schweren Krise der deutschen Kriegführung am Jahresende 1941 vorherrschend geblieben ist.«[25]

Anmerkungen:

[1] Dirk Kunert in Hueber S. 55.
[2] Kosiek S. 15.
[3] Zit. nach »Eisenbahnen und Eisenbahner zwischen 1920 und 1924« Frankfurt/M. 1968, S. 9.
[4] Wie Anm. 3.
[5] Theodor Heuss, Hitlers Weg. Eine historisch-politische Studie über den Nationalsozialismus (1931). Zit. nach Schwinge, Bilanz, S. 12.
[6] Abg. Heuss am 18. 1. 49 im Hauptausschuß des Parlamentarischen Rates in Bonn, Prot. S. 545.
[7] Schwinge, Bilanz, S. 9.
[8] Wie Anm. 3, S. 14.
[9] Vgl. z. B. die in Anm. 3 und 10 genannten Bücher.
[10] »Die wirtschaftliche Lage der kleinen Leute (war) nicht gerade rosig: Über vier Zehntel aller Arbeitnehmer verdienten damals nicht mehr als 100 Reichsmark im Monat, 7,3 Millionen verfügten über Einkünfte von 100 bis 125 Mark und 4,2 Millionen Deutsche hatten ein Nettomonatseinkommen von 125 bis 250 RM« (»Eisenbahnen und Eisenbahner zwischen 1925 und 1930«, Frankfurt/M. 1970, Bildunterschrift nach S. 24).
[11] Hans Herwarth von Bittenfeld in Steinhoff – Pechel – Showalter S. 38.
[12] Franzen S. 40.
[13] Mau – Krausnick S. 25 f.
[14] Franzen S. 16 f.
[15] Curt Siewert »Schuldig? – Die Generale unter Hitler«, Bad Nauheim 1968, S. 58 f.
[16] Vgl. Hans Roschmann »Röhm-Putsch 1934«, Überlingen 1989, dort vor allem S. 18 ff.,
[17] Rolf Elble in der »Chronik des Verbandes deutscher Soldaten« (Haupttitel »Soldat im Volk«), Wiesbaden 1989, S. 14.
[18] Vgl. »Welt am Sonntag« vom 30. 11. 86 mit weiteren Quellenangaben.
[19] Wie Anm. 18.
[20] U. a. mit preisgünstigen Seereisen für Arbeitnehmer auf besonderen KdF-Schiffen u. ä. Nicht zu vergessen sind auch die Geldsammlungen für sozial Schwache, z. B. im Rahmen des »Winterhilfswerkes« (WHW), die Organisation »Mutter und Kind« u. v. a.
[21] »Welt am Sonntag« vom 13. 3. 88, S. 26 f.
[22] Bösch S. 71.
[23] Fest S. 25.
[24] Prof. Dr. E. A. Roloff in einem Vortrag, lt. Braunschweiger Zeitung vom 12./13. 11. 88.
[25] Mau – Krausnick S. 141.

# 2.
# Jugend in den zwanziger und dreißiger Jahren

Das Licht der Welt erblickte ich im Januar 1926, fast genau in der Mitte der Ära, die wir heute die Weimarer Zeit nennen und die die Nationalsozialisten als die »Systemzeit« abqualifiziert haben. Etwas über sieben Jahre *vor* meiner Geburt endeten die Kampfhandlungen des Ersten Weltkrieges, brach das deutsche Kaiserreich zusammen und verschwanden alle gekrönten Häupter als politische Spitzen der deutschen Staaten. Sieben Jahre *nach* meiner Geburt fand die Machtübernahme der Nationalsozialisten statt, die zunächst alles andere als eine Revolution war, sondern ein durchaus normaler Regierungswechsel, wie es ihn seit 1918 20 mal gegeben hatte.[1] Nicht im Sturmschritt mit gezogener Pistole ist Adolf Hitler in die Reichskanzlei gekommen, sondern das demokratisch gewählte Staatsoberhaupt, Generalfeldmarschall Paul von Hindenburg, hat ihn als Reichskanzler berufen. Diese formale Legalität des Regierungsantritts Hitlers wird heute meist verdrängt, obwohl das mit der späteren Qualität des Dritten Reiches so gut wie gar nichts zu tun hat.

In meiner Geburtsanzeige, die ich noch heute besitze, ist der Beruf meines Vaters mit Gerichtsassessor angegeben. Ich entstamme einer gutbürgerlichen Familie, die man wohl dem sogenannten Bildungsbürgertum zurechnen kann. Mein Großvater väterlicherseits war vor seinem Ruhestand Generaldirektor einer Hagelversicherung, die vorwiegend in Ostdeutschland tätig war, mein anderer Großvater, Chemiker und Dr. phil., besaß eine kleine pharmazeutische Fabrik in Andernach am Rhein, die noch heute besteht, die er aber leider schon vor dem Ersten Weltkrieg verkaufte, um frühzeitig als wohlhabender Rentier leben zu können. Das führte dann zum Verlust seines Vermögens in der Inflation der frühen zwanziger Jahre: ein typisches Bürgerschicksal damals.

Da die sozialen Verhältnisse,[2] in denen ich in Berlin aufwuchs, sicher nicht untypisch für diese Zeitläufte waren, möchte ich sie exemplarisch kurz schildern, denn es gab damals in gutbürgerlichen Kreisen Zehntausende, die so oder ähnlich lebten. Wir bewohnten in Schöneberg, im

Berliner Westen, zunächst eine Drei-, ab 1935 eine Fünfzimmerwohnung. Erwähnenswert ist, daß in beiden Wohnungen noch ein »halbes« Zimmer zusätzlich vorhanden war, in dem ein dienstbarer Geist – zunächst Dienstmädchen, später Hausangestellte und letztlich Haustochter genannt – unter recht spartanischen Umständen hauste. Häufig waren diese Hausgehilfinnen, die man unbedingt zu benötigen glaubte, junge Mädchen vom Lande, die damals froh waren, in der Stadt Arbeit zu finden, Kost und Logis frei und 30 bis 40 Mark Taschengeld im Monat. Unsere Familie war in jenen Jahren alles andere als reich, aber in den Augen der Millionen Arbeiter, kleiner Angestellter und einfacher Beamter doch wohlsituiert. Im übrigen würde man heute sagen: das Sozialprestige einer Juristenfamilie, der Vater im Staatsdienst, war relativ hoch, auch wenn man weder eine Villa noch ein Auto sein eigen nannte. (Letzteres heute kaum noch vorstellbar!)
Ich möche, ohne der Gefahr zu erliegen, unzulässig zu verallgemeinern, einige Grundtatsachen damaligen bürgerlichen Lebens darstellen.

*Wertmaßstäbe*
Grundsätzlich hatte der Sohn aus gutem Hause die Höhere Schule (Gymnasium, Oberrealschule usw.) zu besuchen und das Abitur zu machen. Bei Mädchen begnügte man sich oft mit der Mittleren Reife, der irgendeine Frauenfachschule folgen konnte, deren es, nach Art, Lehrinhalten und formalem Abschluß sehr unterschiedlich, viele gab. Für beide Geschlechter galt: der junge Mensch sollte gebildet und wohlerzogen sein; eine gepflegte deutsche (sprich: hochdeutsche) Sprache in Wort und Schrift zu beherrschen, war selbstverständlich. Achtung vor den Eltern und vor allen älteren Menschen war unbedingt gefordert, ohne daß Unterwürfigkeit angesagt war. Trotzdem spielte der Gehorsam von frühester Jugend an eine dominierende Rolle. Eigenschaften wie frech, aufsässig, ungehobelt oder ungepflegt galten als sehr negativ, was keineswegs ausschloß, daß wir sie gelegentlich oder in bestimmten Entwicklungsphasen an den Tag legten. Entscheidend war, daß die Erwachsenen solchen negativen Entwicklungen entgegenwirkten, sie nicht – wie es heute häufig der Fall ist – billigten oder allzu verständnisvoll durchgehen ließen.
Nationales Pathos und Hurra-Patriotismus traten bei meinen Freunden und mir nicht besonders hervor. Aber alle mir damals bekannten Fami-

lien waren mehr oder weniger patriotisch eingestellt. Man war stolz, Deutscher zu sein, ohne daß deshalb unbedingt »am deutschen Wesen die Welt genesen« sollte. Man hielt etwas von deutscher Tüchtigkeit, schrieb Ordnung und Fleiß groß und vermerkte in Schule und Elternhaus gern, daß »made in Germany« eine internationale Wertmarke war. Im Bewußtsein der bürgerlichen Jugend spielte der Erste Weltkrieg eine gewaltige Rolle. Es ist nicht übertrieben zu sagen, daß der Frontsoldat 1914/18 – der Hauptmann, Leutnant, Unteroffizier oder auch der tapfere Mannschaftsdienstgrad – für unsere Kreise eine Art von Idealgestalt war. Man kannte sie ja persönlich: den eigenen Vater oder Onkel, den Vater des Freundes oder einen älteren Bekannten, die zwei, drei, vier Jahre »draußen« gewesen waren, mutige Kämpfer für ein Vaterland, das dann leider den großen Krieg verloren hatte. »Im Felde unbesiegt« – sagten (wenn zwar sachlich nicht ganz zutreffend) nicht nur politisch rechts Stehende, sondern auch Vertreter bzw. Wähler der Mittelparteien, bis hin zum rechten Flügel in der SPD. Ich möchte freimütig gestehen: daß mein Vater im Ersten Weltkrieg Frontoffizier, nämlich Leutnant der Feldartillerie, gewesen war und das Eiserne Kreuz zweiter und erster Klasse erhalten hatte, imponierte mir weit mehr als seine Tätigkeit als Amts- und Landrichter, ab 1929 Landgerichtsrat, obwohl ich mich auch als 12/13jähriger Junge gelegentlich schon für juristische Fragen interessiert habe.

Kürzlich fand ich in einer alten Familienakte die Verlobungsanzeige meiner Eltern. Fast muß man heute schmunzeln, wenn man liest: »Die Verlobung ihrer Tochter Erica mit dem Kammergerichts-Referendar Herrn Kurt Schreiber, Leutnant d. R. und Batterie-Führer im früheren 1. Pos. Feld-Art.Regt. Nr. 20, beehren sich anzuzeigen…«Das war im Juli 1921, als mein Vater bereits über zwei Jahre als Reserveoffizier aus der Armee ausgeschieden war und es längst kein »Posensches Feldartillerieregiment« mehr gab. Ein interessanter Beleg für damalige Denkungsart!

*Schule im Dritten Reich*
Höchst seltsame Vorstellungen über das Schulwesen von 1933 bis 1945 grassieren heute in manchen Kreisen, die uns glauben machen wollen, daß erst seit dem Ende des Krieges vernünftige, fortschrittliche Schulverhältnisse geschaffen worden seien[3]. Ich hatte das Glück,

vom ersten bis zum letzten Tag meiner Volksschulzeit (1932 –1936) denselben Klassenlehrer zu haben, der fast alle Fächer lehrte, abgesehen, wenn ich mich recht erinnere, von Musik, Zeichnen und Turnen. Die Berliner Schulen hatten damals einen ausgezeichneten Ruf, und ich kann auf vielen Lebensgebieten noch heute sagen: Das habe ich bereits beim Lehrer *Zeinert* in der Volksschule gelernt.

Politik spielte damals in der Schule kaum eine Rolle. Zu bestimmten weltlichen Feiertagen kamen einige Klassenkameraden – auch ich – in der Uniform des Deutschen Jungvolkes (DJ) zur Schule. Natürlich wehte bei solchen Gelegenheiten die Hakenkreuzfahne, die ja deutsche Nationalflagge geworden war, auf dem Dach der Lehranstalt, und die beiden Nationalhymnen (Deutschlandlied und Horst-Wessel-Lied) wurden pflichtgemäß mit zum Gruß erhobenem rechten Arm gesungen. Aber eine gezielte NS-Beeinflussung der Schüler fand selten statt, wenn auch nicht geleugnet werden kann, daß die Grundtendenz eine nationale und wehrbejahende war. Das stimmte aber mit der Überzeugung nicht nur der bürgerlichen, sondern auch anderer Kreise überein. Rassenfragen wurden bei uns nicht erörtert, obwohl wir mitbekamen, daß kurz nach dem Regierungsantritt der Nationalsozialisten einige jüdische Lehrer und Lehrerinnen aus der Schule entfernt wurden. Unsere Eltern mögen das als eine Art Berufsverbot aufgefaßt haben; mit Sicherheit dachte dabei niemand an Enteignung, Konzentrationslager (KZ), Ausweisung oder gar Tötung. Immerhin muß man bedenken, daß selbst ein so liberaler und von Grund auf demokratischer Mensch wie Theodor Heuss (von 1930 bis 1933 als Politiker der Deutschen Demokratischen Partei – DDP – Mitglied des Reichstages!) nach dem Zweiten Weltkrieg erklärt hat, er habe durch seinen Vater eine Erziehung genossen, in der so etwas wie die spätere Entwicklung des Nationalsozialismus keinen Platz gehabt habe. Jedenfalls habe seine Phantasie nicht ausgereicht, ein derart verbrecherisches Regime für möglich zu halten.[4] Wenn das ein politisch aktiver liberaler Politiker von sich sagt, wie konnte man dann vom Durchschnittsbürger tiefere Einsichten und Vorausahnungen erwarten? In den Kreisen, in denen ich aufgewachsen bin, hielt man die Nazis vielfach für eine wenig dauerhafte Erscheinung, wenigstens in ihrer »revolutionären« Ausprägung, man hoffte, es werde »auf die Dauer gelingen, die umstürzlerischen Geister und Landsknechtsnaturen entweder auszumerzen oder zu zähmen und sie zu vernünftiger und friedlicher Mitarbeit zu bringen.«[5] Rückschauend habe ich den Eindruck, daß die Mehrheit unserer Lehrer (in der Volksschule und in den beiden Gymnasien, die ich erst in Berlin und dann in Braunschweig besuchte) so etwa dachten, denn ich kann mich kaum an weltanschauliche Radikalinskis erinnern.

Auf dem Braunschweiger Wilhelm-Gymnasium ritt mich einmal der Teufel und ich brachte das dreibändige »Kapital« von Karl Marx mit in die Schule, das in meines Vaters Bibliothek, für jedermann sichtbar, stand. Ein Studienrat, der das Parteiabzeichen der NSDAP trug, tat nicht etwa das, was ein heutiger »Enthüllungsfilm« bringen würde: mich abkanzeln oder disziplinarisch bestrafen – nein, er schmunzelte und sagte etwas süffisant: »Der *Schreiber* wollte wohl mal zur Warnung die Literatur der Gegner zeigen!« Ich glaube kaum, daß Lehrer dieses Schlages Kollegen oder Schüler denunziert oder Juden ans Messer geliefert haben.

Wenn es in manchen (oder vielen?) heutigen Schulen gang und gäbe ist, daß sich die Lehrer kaum noch durchsetzen und ihr Pensum an den Mann bringen können, daß sie oft weder Ruhe noch Aufmerksamkeit in der Klasse zu erzwingen vermögen, dann war die damalige Schule allerdings vergleichsweise streng. Die meisten Lehrer waren, um mit moderner linker Terminologie zu sprechen, autoritär strukturierte Persönlichkeiten, die für Disziplin und Ordnung sorgten und Leistung verlangten. Neben Strafen wie 25 mal einen »erzieherischen« Satz schreiben, Strafarbeiten anfertigen oder nachsitzen gab es sowohl in der Volksschule als auch noch auf dem Gymnasium körperliche Züchtigungen. Selbst in der Quarta des Gymnasiums in Braunschweig erhielten wir, wenn wir mehr als drei der zu Hause zu lernenden Lateinvokabeln nicht konnten, einen Streich mit dem Rohrstöckchen, das der Studienrat den »Tröster« nannte, aufs Gesäß. Das war aber die Ausnahme, und außer unserem Lateinlehrer praktizierte das niemand, während es in Berlin auf der Volksschule auch wegen frecher Antworten oder Aufsässigkeit gelegentlich Hiebe gegeben hatte, allerdings nur als *ultima ratio*, wenn alle Drohungen und Warnungen des Lehrers nichts ausgerichtet hatten.

An einen Fall, bei dem ich selbst beteiligt war, erinnere ich mich noch sehr genau. Es war in Braunschweig wohl in der Quarta oder Untertertia, als auf dem Schulhof eine kleine Baustelle mit einigen mittelgroßen Pflastersteinen war. Mein Freund (heute emeritierter Medizin-Professor) und ich ergriffen jeder einen Stein, nahmen ihn mit ins Klassenzimmer und rollten ihn, als der Unterricht angefangen hatte, mit dröhnendem Gepolter durch den Raum. Uns schwante nichts Gutes, als der Lehrer nicht schimpfte, sondern die Steine sorgfältig in Papier einwickelte und in seiner Aktentasche verschwinden ließ. In der nächsten Stunde erschien unser Klassenlehrer, fragte, indem er die Steine auswickelte, wer sie durchs Klassenzimmer gerollt habe und verordnete uns beiden, nachdem wir »gestanden« hatten, abwechselnd ein Hinhocken vor der Klasse, die Steine in Vorhalte und das Griechisch-Buch auf den Knien. Alle paar Minuten trat der Wechsel ein, wobei mein Freund immer etwas länger hocken mußte, weil er, wie der Herr Studienrat laut verkündete, etwas kräftiger als ich war. Die Klasse, abgesehen von uns beiden Übeltätern, amüsierte sich köstlich, aber letztlich akzeptierten auch wir die Strafmaßnahme als gerecht und irgendwie angemessen (der Jurist würde sagen: als eine sinnvolle Verknüpfung von Vergehen und dessen Ahndung).

Man fragt sich nur, was heute eine solche schuldisziplinarische Maßnahme nach sich ziehen würde. Da ist sicher an Strafanzeigen der Eltern gegen den Lehrer wegen Körperverletzung zu denken, wahrscheinlich wäre von einem nicht hinnehmbaren Verstoß gegen die Menschenwürde die Rede, und was die Presse aus einem solchen Vorfall machen würde, mag sich jeder selbst ausmalen! – Uns beiden hat's jedenfalls nicht geschadet!

*Deutsches Jungvolk und Hitlerjugend*

Ich war noch nicht ganz zehn Jahre alt, als der Sohn unseres Hausmeisters (auf berlinerisch: unser Portierjunge), mit dem ich öfter spielte, obwohl er ein paar Jahre älter als ich war, immer wieder davon erzählte, wie schön und interessant es im Deutschen Jungvolk sei. Er berichtete von Heimabenden, Wochenendfahrten und Zeltlagern, und so kam es, daß mein bester Freund und ich probeweise mit zu DJ-Veranstaltungen gingen und alsbald auch als »Pimpfe« in das Fähnlein »Schwertknappen« eintraten. Die Eltern kauften das obligate Braunhemd, zugehöriges schwarzes Halstuch mit Lederknoten und kurze schwarze Manchester-Hose.

Ich müßte lügen, wenn ich behaupten wollte, daß mir diese Betätigung körperlich oder seelisch geschadet hätte. Erstmalig kam ich mit einer größeren Zahl von Jungen aus anderen sozialen Schichten zusammen, lernte deren Mentalität kennen und wurde durch sie in bezug auf Selbständigkeit und Härte gegen sich selbst (Mutproben!) gefördert. Der Jungenschaftsführer (vergleichbar dem milit. Gruppenführer) war 14 oder 15 Jahre alt, Oberschüler und uns »kleinen Pimpfen« gegenüber von einer beachtlichen Verantwortungsfreude, was sich vor allem auf Fahrten und bei Geländespielen zeigte. Wir achteten, ja liebten ihn. Unser Fähnleinführer (dem Kompaniechef vergleichbar) war Mitte der Zwanzig, er erschien uns schon ziemlich alt, war wohl auch mehr Respektsperson als ein jugendlicher Kamerad. Daß »diese jungen Leute und ihre noch jüngeren und weniger reifen Unterführer sich vom Massenrausch hinreißen ließen und die großen Paraden der Wehrmacht und der anderen Parteiverbände ehrgeizig nachahmten, ist verständlich.«[6] Doch ist das nur ein kleiner Teil der Wahrheit. Obwohl man in Berlin, wo ich bis zur Versetzung meines Vaters im Jahre 1938[7] lebte, Massenaufmärschen und -kundgebungen relativ nahe war, vollzog sich doch der weitaus größte Teil der Jugendarbeit – wie man heute sagen würde – »an der Basis«, also im Fähnlein, in den Jungzügen und Jungenschaften. Und da ging es viel weniger um hehre idealistische Vorstellungen von Volk und Reich, von Herrschaft und Rasse als um die jungenhaften Alltäglichkeiten: den nächsten Heimabend, das Ziel des Ausmarsches am folgenden Sonntag oder das (zugegeben: oft vormilitärisch ausgerichtete) Geländespiel im nächsten Monat. Ein sehr großer Teil der Jungvolkführer kam Anfang der dreißiger Jahre aus der bündischen Jugend, den Pfadfinderorganisationen und ähnlichen Gruppen. Bauernkrieg und Landsknechtsleben spielte eine verklärte, idealisierte Rolle, was sich nicht zuletzt in den Liedern widerspiegelte, mit Liedanfängen wie »Vom Barette schwankt die Feder, wiegt und biegt im Winde sich« oder »Die Glocken stürmten vom Bernwardsturm, der Regen durchrauschte die Straßen« oder »Landsknechtsleben – lustig's Leben…« oder »In Junkers Kneipe…«. Ebenso wenig waren die typischen Wander- und Fahrtenlieder politisch: »Und die Morgenfrühe, das ist unsere Zeit, wenn die Winde um die Berge singen« oder »Wenn die bunten Fahnen wehen, geht die Fahrt wohl übers Meer« oder »Wir lieben die Stürme, die brausenden Wogen« u. v. a.

Nur verbohrte Bewältiger können da nazistische oder gar rassistische Elemente hineingeheimnissen. Übrigens beherrschen solche Lieder heutzutage die Volksmusiksendungen im Fernsehen und Rundfunk, was bei dem unbestreitbaren Linksdrall der meisten Massenmedien immerhin erwähnenswert erscheint.

Natürlich wurden auch (nach meinen Erfahrungen relativ selten) alte Soldatenlieder gesungen, die aber weder nationalsozialistischen noch volksverhetzenden Charakter hatten. Sie entsprachen dem in allen Volkskreisen verbreiteten patriotischen Gefühl und der Bejahung selbstlosen Frontkämpfertums. Bei der SA und anderen Parteiorganisationen mag das Liedgut andersartig gewesen sein.

Insoweit ist aber jede Verallgemeinerung fehl am Platze. Das Jungvolk und die Hitlerjugend (letztere als die Organisation der 14- bis 18jährigen) waren im katholischen Rheinland oder Bayern sicher ganz anders als in Ostpreußen oder Schleswig-Holstein, in den Großstädten anders als auf dem Lande. Diejenigen, die z. B. von der Wandervogel-Bewegung kamen, »wollten singend wandern und schauen, und sie brauchten abends noch Kraft, um das Lager herzurichten und an nächtlichen Feuern stundenlang zu träumen«[8], während andere Gruppen sehr bald Schwerpunkte im Geländesport, Kleinkaliberschießen oder im Exerzieren, Ordnungsdienst genannt, bildeten. Sie hatten dann schnell alle Pfadfinder-Romantik überwunden.

Das Deutsche Jungvolk nannte sich zwar »DJ in der HJ«, setzte sich aber bewußt oder unbewußt, wenigstens bis in die ersten Kriegsjahre, von der »eigentlichen« Hitlerjugend (HJ) ab. Zum Jungvolk »zog es, ganz wie zu den alten Bünden, die höheren Schüler. Sie besetzten die meisten Führerstellen. Da sie nach Bildung und Herkunft geistig und musisch meist regsam waren, entwickelten die Begabtesten ... ein phantasievolles Gruppenleben, das sich wenig von dem der Jugendbewegung unterschied. Wer dafür nicht taugte, wurde in die HJ abgeschoben, die als im Niveau niedrigere Pflicht- und Massenorganisation galt.«[9]

Wenn man eine Führerstellung im DJ einnahm, brauchte man nicht mit 14 Jahren zur Hitlerjugend, sondern verblieb im Jungvolk. Ich wurde z. B. Jungenschaftsführer, hatte 10 bis 15 Jungen zu betreuen (zu »führen«!) und kam anschließend zum »Stab« eines Fähnleins, wo ich erstmalig mit gewissen Verwaltungsaufgaben vertraut gemacht wurde.

Ich muß noch heute sagen, daß das eigentlich ganz sinnvolle Lehrjahre
– neben dem rein theoretisch ausgerichteten Gymnasium – waren.
Später kam ich dann doch zur HJ, in der ich zunächst Adjutant eines
Stammführers (etwa einem Btl-Kommandeur entsprechend) wurde
und alsdann eine Gefolgschaft (= Kompaniestärke) übernahm.[10] Diese
Gefolgschaft bestand aus mir heute nicht mehr erinnerlichen Gründen
fast ausschließlich aus Angehörigen des Geburtsjahrganges 1923, nur
ich als der »Chef« und einige meiner Unterführer waren jünger! Auch
dies war eine wertvolle Lehre, indem man sich als zwei, drei Jahre jüngerer
bei älteren durchzusetzen hatte. Das waren damals schon die ersten
Kriegsjahre, und die von mir durchgeführten wöchentlichen
Heimabende wurden meist als Unterricht über die jeweiligen Kriegsereignisse
abgewickelt. Kritische Fragen gab es kaum, denn es war die
Phase der deutschen Siege.

In dieser Zeit tauchten in Braunschweig ab und zu Gerüchte auf, daß
HJ-Führer abends oder nachts von Angehörigen einer Bande überfallen
worden seien, die sich die »Schreckensteiner« nannten. Die einen
behaupteten, das seien ehemalige Kommunisten, andere hielten sie für
jugendliche Kriminelle. Da die meisten meiner Gefolgschaftsangehörigen
junge Arbeiter waren, mußte ich den Dienst verhältnismäßig spät,
nämlich in die frühen Abendstunden legen. Ich bin aber niemals in der
Dunkelheit angefallen oder auch nur angepöbelt worden, kannte auch
niemanden, dem so etwas passiert war. Möglicherweise war die ganze
Schreckensteiner-Angelegenheit das, was man beim Militär eine Latrinenparole
nennt. Andererseits halte ich es aber nicht für ausgeschlossen,
daß sich nach dem Krieg gewisse Leute mit derartiger »Untergrundtätigkeit«
brüsteten und sich als »aufrechte Antifaschisten« feiern
ließen.[11]

Es gab zwar eine gesetzliche Jugenddienstpflicht[12], aber im allgemeinen
wurde kein Zwang – wohl moralische Pression[13] – ausgeübt, ins DJ
oder in die HJ einzutreten. Von mir kann ich sagen, daß ich weder
selbst jemals gezwungen wurde, in eine NS-Jugendorganisation einzutreten,
noch in meiner späteren Eigenschaft als Jungvolk- bzw. HJ-
Führer anderen gegenüber solchen Zwang ausüben mußte. Wenn gelegentlich
behauptet wird, junge Menschen seien mit Hilfe der Polizei
zum HJ-Dienst gezwungen worden, kann ich das zwar nicht widerlegen;
ich selbst habe es aber nie erlebt.

Weil sicher nicht alle Jugendlichen für den DJ- und HJ-Dienst zu begeistern waren, versuchte man, durch Aufstellung von Sonderformationen mit speziellen Ausbildungsaufgaben das persönliche Interesse zu wecken. So wurden Formationen der Flieger-HJ, der Motor-HJ, der Marine-HJ, der Nachrichten-HJ sowie Feldschere und HJ-Streifendienst aufgebaut. Zeitweise gab es auch eine Reiter-HJ. »Diese Sonderformationen vermittelten ... nützliche Kenntnisse, die man im Beruf oder für sich selber gebrauchen konnte.«[14] Gerade in diesen Einheiten spielte die weltanschauliche Schulung eine untergeordnete Rolle: man wollte fliegen, Motorrad fahren, rudern, reiten usw. Der weltanschauliche Über- und Unterbau wurde wie ein notwendiges Übel hingenommen, aber meist recht wenig goutiert. Ich selbst war zeitweise in einer Reiter-, später in einer Nachrichteneinheit, kann mich aber beim besten Willen nicht an besondere theoretische NS-Schulung erinnern. Übrigens habe ich, ohne daß ich mich etwa dagegen gewehrt hätte, weder im DJ noch in der HJ jemals ein Gewehr, auch keine Kleinkaliberwaffe, in der Hand gehabt.

Was den oft behaupteten Druck oder Zwang zum Dienst angeht, so muß festgestellt werden, daß viele Lehrer, Lehrherren oder zivile Chefs keine überzeugten Nationalsozialisten waren und es ihnen deshalb gleichgültig war, ob ihre jungen Leute HJ-Dienst taten oder nicht, wenn sie nur in der Schule oder im Betrieb gute Arbeit leisteten[15]. Mein Schuldirektor in Braunschweig machte gelegentlich recht bissige Bemerkungen über die HJ, und viele Lehrer waren nicht sehr begeistert, wenn man sich darauf berief, daß Mittwoch und Samstag keine schulischen Hausaufgaben gegeben werden sollten, weil diese Tage für den nachmittäglichen HJ-Dienst freizuhalten waren.

Obgleich es wegen des geringen Wahrheitsgehaltes eigentlich traurig ist, muß man doch darüber lachen oder schmunzeln, wenn in heutigen Dokumentationen (Bücher, Filme usw.) oft so getan wird, als ob die Masse der Jugend im Dritten Reich von morgens bis abends wild fahnenschwenkend und mit blutrünstigen Liedern auf den Lippen hin- und hermarschiert sei und nur darauf gewartet habe, einen Kommunisten zu verprügeln oder einem Juden die Fenster einzuschmeißen. Freilich kann man solche Vorkommnisse, zumal während der »Kampfzeit« (vor 1933), nicht leugnen, aber das war nicht der Alltag der Jugend, nicht typisch, weder 1930 noch 1936.

Die Dinge lagen viel differenzierter und sind einer generalisierenden Rückschau kaum zugänglich. Deshalb sollte die von mir immer wieder angeprangerte Schwarzweißmalerei schlicht entfallen. In den Massenmedien und in der zeitgeschichtlichen Literatur ist aber »ein teils offener, teils geheimer Konsens« verbreitet, daß »der historische Weg der Deutschen in die schließliche Schreckensherrschaft Hitlers nicht durch differenzierende Darstellung verstehbar gemacht werden dürfe, da Verstehbarkeit verharmlose.« Mit anderen Worten: man verkündet mit Fleiß nur die halbe Wahrheit. Das aber läuft auf eine sogenannte Volkspädagogik hinaus, die fatal an die Goebbels'sche Volksaufklärung erinnert: *wir* wissen schon, was die breite Masse wissen darf und was nicht! Aber gerade so ein »sich erhaben dünkendes Halbwissen verharmlost eher als eine realistische Durchsicht.«[16] Man muß sich schon die Mühe machen, *Pro* und *Contra* auszuloten, sich zu einem »Sowohl – als auch« durchringen zu wollen und die feinen Nuancen zwischen gut, ziemlich gut, weniger gut, ziemlich schlecht, ganz schlecht usw. zu erfassen.

Die Grundeinstellung der jungen Menschen im Dritten Reich war jedenfalls idealistisch, überwiegend Staat und Partei gegenüber positiv. Dabei muß man »das Geschehen damals aus dem Blickwinkel der Zeitgenossen sehen«, ihre Lebenseinstellung »unbefangen nachempfinden und vor allem vergessen, was sie noch nicht wußten«[17] und nicht wissen konnten. Die Leute, die heutzutage kühn behaupten, sie hätten schon 1933 erkannt, wie alles kommen würde, belügen ihre Mitmenschen und sich selbst.[18]

Um Mißdeutungen vorzubeugen, sei hier ausdrücklich angemerkt, daß es sich in diesem Abschnitt weder um einen Abriß der Geschichte der Jugendorganisationen des Dritten Reiches noch um eine Apologie derselben handeln soll. Es sind persönliche Erinnerungen des Verfassers dargestellt, die etwa sein 10. bis 17. Lebensjahr betreffen und mit Sicherheit Parallelen zu vielen gleichaltrigen Zeitgenossen aufweisen. Die Durchforstung einschlägiger Akten und Unterlagen aus dieser Zeit könnte über die Zielsetzungen jener Epoche manches andere zutage fördern. Hier aber ging es, trotz einiger vorsichtiger Verallgemeinerungen, um Erfahrungen aus der Froschperspektive eines damals jugendlichen Zeitzeugen. Um nicht mehr und nicht weniger.

Übrigens würden sich wahrscheinlich ganz ähnliche Erkenntnisse ergeben, wenn man Erinnerungen Junger Pioniere der DDR oder der Mitglieder der Gesellschaft für Sport und Technik mit dem vergleicht, was bis zur deutschen Wiedervereinigung von der SED-Führung geplant und bezweckt worden ist. Jugendliches Erleben an der Basis und hintergründige Zielsetzung »oben« sind eben zweierlei!
Wer allerdings das Sammeln von Rohstoffen und Altmaterial (was jetzt im Rahmen vielfältiger Umweltschutz- und sonstiger Maßnahmen zur Schonung der Ressourcen gang und gäbe ist) oder die Heilkräutersammlungen (sowohl von den Schulen als auch von DJ und HJ organisiert) als typisch nazistische Betätigung einstufen will, der kann der damaligen Jugend NS-Gesinnung nachsagen, denn sie betrieb dergleichen meist mit großem Eifer. Er mag dann auch in den Sammlungen für das Winterhilfswerk (WHW) bösartige Kriegsvorbereitungen erblicken. Und wer in den Wanderungen und Zeltlagern früherer und heutiger Wandervögel und Pfadfinder etwas grundsätzlich Edleres als im Verhalten der Jugend nach 1933 sehen möchte, der mag die 10- bis 18jährigen im Dritten Reich verdammen.

*Antisemitismus, Konzentrationslager*
Es kann nicht Sinn und Zweck dieses kleinen Buches sein, die vielfältigen historischen, politischen, religiösen und philosophischen Wurzeln des weltweiten, jahrhundertealten Antisemitismus aufzuzeigen. Hier muß aber festgestellt werden, daß die Ablehnung, ja Unterdrückung der Juden weder eine deutsche noch eine nationalsozialistische Erfindung gewesen ist. Die typisch deutsche Eigenschaft der Hundertfünfzigprozentigkeit hat leider dazu geführt, daß sich Deutsche (und im deutschen Namen oder mit deutscher Duldung auch andere) in der Bekämpfung und Dezimierung des Judentums besonders hervorgetan haben. Daran kommen wir nicht vorbei, wenn ich auch keineswegs die Absicht habe, mich an makabren Zahlenspielereien zu beteiligen, ob dort zehntausend mehr und dort hunderttausend weniger umgekommen sind. Insoweit gilt sicher die Regel: auch hundert wären genau hundert zu viel.
Von einer generellen Judenfeindschaft in Deutschland kann vor dem Dritten Reich nur bedingt gesprochen werden. Schon Friedrich der Große (»In meinem Staate kann jeder nach seiner Façon selig wer-

den«) muß nach damaligen Wertmaßstäben als liberal bezeichnet werden; nichts spricht bei ihm und seinen Nachfolgern auf dem preußischen Thron für Judenhaß, und von Judenverfolgung kann schon gar nicht die Rede sein. Otto von Bismarck erklärte 1881 in bezug auf antisemitische Tendenzen: »Nichts kann unrichtiger sein. Ich mißbillige ganz entschieden diesen Kampf gegen die Juden, sei es, daß er auf konfessioneller oder gar auf der Grundlage der Abstammung sich bewege ... Daß die Juden mit Vorliebe sich mit Handelsgeschäften befassen, nun, das ist Geschmackssache; durch ihre frühere Ausschließung von anderen Berufsarten mag das wohl begründet sein. Aber sicherlich berechtigt es nicht, über ihre größere Wohlhabenheit jene aufreizenden Äußerungen zu tun, die ich durchaus verwerflich finde, weil sie den Neid und die Mißgunst der Menge erregen. Ich werde niemals darauf eingehen, daß den Juden die ihnen verfassungsmäßig zustehenden Rechte in irgendeiner Weise verkümmert werden.«[19] Im Zweiten Reich (1871–1918) waren Juden in bürgerlichen, vereinzelt selbst in höfischen Kreisen durchaus gelitten, es gab Fälle, daß Juden sogar geadelt wurden. Das spricht nicht gerade für einen Judenhaß, wenn auch nicht geleugnet werden kann, daß sich in weiten Kreisen jüdische Mitbürger keiner besonderen Beliebtheit erfreuten. Spottgedichte und -lieder über sie wurden auch in gebildeten Kreisen kolportiert; die soziale Unterschicht sah in ihnen vielfach die wohlhabenden Emporkömmlinge oder aber die rücksichtslosen Ausbeuter.

In Berlin sprach man in den zwanziger Jahren vom Doktortitel als dem »jüdischen Vornamen«, weil unverhältnismäßig viele Ärzte und Rechtsanwälte, aber auch Richter, Hochschullehrer und Theaterdirektoren Juden waren und promoviert hatten. Das Stichwort »jüdische Unterwanderung« war nicht unbekannt! Im Zweiten Reich und in der Weimarer Zeit konnte sich aber niemand – auch wenn er sich als Antisemit empfand – vorstellen, daß die jüdische Bevölkerung planmäßig isoliert und weitgehend ausgerottet werde. Eher wollte man schon ein allmähliches Herausdrängen aus dem Staatsdienst ins Kalkül ziehen.

Mein bester Freund im Vorschulalter war ein Halbjude, mit Vornamen Henry, aber auch unter meinen späteren Freunden waren etliche, die nach damaligem Sprachgebrauch nicht »rein arisch« waren. Das spielte weder bei den kindlichen Spielen noch bei späterer Jugendfreundschaft eine Rolle, oft wußten wir nicht einmal (es interessierte auch nicht), wer wie nach den »Nürnberger Gesetzen« (von 1935) rassisch einzustufen war. Man hätte vielleicht aufmerksamer werden müssen, als einige Freunde und Schulkameraden trotz erkennbarer Begabung nicht auf die höhere Schule kamen oder aus dieser entfernt wurden. Aber im Alter von zehn, zwölf Jahren nahm man so etwas nicht allzu tragisch, zumal die jüdischen oder halbjüdischen ehemaligen Schulkameraden, wenn man sie auf der Straße traf, von sich aus die Problematik nicht zur Sprache brachten.

An eines erinnere ich mich noch genau. Wir sahen in einem Aushängekasten im Stadtzentrum von Braunschweig gelegentlich das berüchtigte Hetzblatt »Der Stürmer«, das Julius Streicher herausgab, den man als den rabiatesten Propagandisten des Antisemitismus bezeichnet hat. Dieses Blatt erschien uns sowohl in seinen Artikeln als auch in den üblen Karikaturen so primitiv und abstoßend, daß wir außer abfälligen Bemerkungen höchstens noch Witze darüber machten.[20] So etwas wurde weder in bürgerlichen Kreisen noch in der Jugend – DJ- und HJ-Führer eingeschlossen – ernstgenommen.

Daß es Konzentrationslager gab, wußte man. Fast jeder Berliner kannte, dem Namen nach, Oranienburg (später Sachsenhausen genannt), fast jeder Münchner wußte etwas mit dem Namen Dachau anzufangen. Diese Lager, meist abgekürzt als KZ's bekannt und oft in makabrer Weise als »Konzertlager« apostrophiert, waren bekanntlich keine deutsche Erfindung. Die Engländer hatten vergleichbare Institutionen im Burenkrieg eingeführt, indem sie, um die kämpfenden Buren moralisch in die Knie zu zwingen, deren Frauen und Kinder in stacheldrahtumzäunte Elendslager sperrten.

Als in Deutschland die ersten KZ's eingerichtet wurden, nahm man das im Rahmen eines angenommenen »Staatsnotstandes« irgendwie hin, man meinte, daß es sich um eine vorübergehende Maßnahme zur Ausschaltung gefährlicher politischer Gegner handele.[21] Man darf nicht vergessen, daß sich nach den turbulenten Zeiten – besonders seit 1929/30 – in allen Bevölkerungsschichten der Wunsch nach Ruhe und Ordnung stark entwickelt hatte.

Auch diejenigen, die die militanten Gruppen der Nazis (SA, SS usw.) ablehnten oder verachteten, waren nicht dagegen, daß vermeintliche Fermente der Desorganisation und Instabilität isoliert wurden. Da hieß es dann manchmal zur Beruhigung des rechtsstaatlich orientierten

Gewissens: Wo gehobelt wird, da fallen Späne! Und noch Ende 1933 gaben sich viele Menschen in Deutschland – nicht zuletzt die Bürgerlichen – der Vorstellung hin, daß das öffentliche Leben bald wieder seinen gewohnten Gang gehen werde.[22] Gerade liberale Kreise haben hier – so mag es jedenfalls rückschauend gesehen werden – weitgehend versagt.[23]

Wer konnte freilich der Illusion frönen, daß die KZ's halbwegs rechtsstaatlich geführte Institutionen waren? Daß das Leben für die Insassen kein Zuckerlecken war, wußte man natürlich. Trotzdem: mit Totquälen und Massenvernichtung wurden die Lager im Bewußtsein der Bevölkerung nicht in Verbindung gebracht, waren sie doch von Anfang an sorgfältig bewacht und von der Außenwelt streng abgeschirmt.[24] Man empfand vielleicht so etwas wie ein geheimes Grauen vor ihnen, aber man wußte nichts Genaues.

Gerüchtweise hieß es hin und wieder, daß dieser oder jener Prominente – nicht zuletzt Kabarettisten und andere Künstler (z. B. Werner Finck, Karl Valentin etc.) – ins KZ gekommen sei. Aber nach ein paar Wochen war der Betreffende dann oft schon wieder da und erschien auf der Bühne, manchmal sogar mit Anspielungen auf den KZ-Aufenthalt. Also konnte es doch nicht so schlimm gewesen sein, dachte der biedere Durchschnittsbürger. Dabei mag die Grenze zwischen Nichtwissen und Nichtwissenwollen in der deutschen Bevölkerung fließend gewesen sein. Es kam hinzu, daß man zunehmend Angst hatte, wenn man sich allzusehr für diese Fragen interessierte oder gar Gerüchte kolportierte, bringe man sich und seine Familie in Gefahr. Wer wollte das schon? Außerdem erhebt sich heute, ein halbes Jahrhundert später, in der Rückschau die Frage: Was hätte ein genaueres Wissen genützt? Hätte der Mann auf der Straße, der kleine Funktionsträger, der Durchschnittsbürger dann etwas ändern können? Auf jeden Fall ist eines sicher: über Massentötungen, Vernichtungslager und Gaskammern wußten 95–99% der Deutschen nichts.[25] Namen wie Auschwitz, Treblinka oder Maidanek waren in der Bevölkerung völlig unbekannt, vor allem wurden sie, soweit sie in unmittelbarer Nähe als Ortsnamen bekannt waren, nicht mit KZ-Greueln in Verbindung gebracht. *Nicolaisen*[26] erwähnt zwar in seinen Büchern über die Flakhelfer, daß in der Nähe von Auschwitz Luftwaffenhelfer aus verschiedenen Städten Deutschlands, u. a. aus Hamburg, eingesetzt waren, aber die zahlreichen von ihm zitierten Briefe von Lehrern und Tagebuchnotizen von Schülern ergeben kein spezielles Wissen bezüglich der Vorgänge im KZ, abgesehen davon, daß seine Existenz bekannt war und man arbeitende Kolonnen von Häftlingen beobachtete und auch wußte, daß es teilweise jüdische Gefangene waren.

Da schreiben Betreuungslehrer von Hamburger Schülern, daß sie in eine »furchtbare Gegend« versetzt seien, von einer »ungastlichen Stätte« ist die Rede, auch von Partisanengefahr und allen möglichen Alltagsquerelen, jedoch nichts, was auf Kenntnis oder Ahnung von Vernichtungslagern hindeutet. Also selbst in nächster Nähe wußte man offensichtlich wenig oder nichts!

Wenn gewisse moralisierende Linksintellektuelle die Generation derer, die den Geburtsjahrgängen 1928 und älter angehören, als »Auschwitzgeneration« abstempeln möchten, so ist das nicht etwa eine unzulässige Verallgemeinerung, sondern eine durch nichts zu belegende üble Verleumdung. »Man merkt die Absicht, und man wird verstimmt!«

Anmerkungen:

[1] Vgl. dazu Kap. 1, Abschn. Die Zeit von 1933 bis 1939.
[2] Einzelheiten in Kap. 1, Abschn. Goldene zwanziger Jahre?
[3] In der NS-Zeit gab es einen starken Trend zur Vereinheitlichung des Schulsystems und zur Verringerung der Zahl der Experimentierschulen.
[4] Zit. nach Schwinge, Bilanz, S. 13.
[5] Schwinge, Bilanz, S. 13.
[6] Klose S. 44.
[7] Mein Vater war am 1. 7. 35 von der zivilen Gerichtsbarkeit zur neu aufzubauenden Wehrmachtgerichtsbarkeit (Luftwaffe) übergetreten. Dabei spielte auch eine Rolle, daß er sich in der SA, der er einige Zeit angehört hatte, nicht wohlfühlte; er hielt sie für reichlich proletarisch und nicht, wie er bei seinem Eintritt gehofft hatte, für soldatisch-patriotisch. In der Luftwaffengerichtsbarkeit stieg er dann bis zum Generalrichter (1944) auf.
[8] Klose S. 124.
[9] Klose S. 63.
[10] Zum organisatorischen Verständnis:

| **Jungvolk** | **Hitlerjugend** | **Heer** |
| --- | --- | --- |
| Jungenschaft | Kameradschaft | Gruppe |
| Jungzug | Schar | Zug |
| Fähnlein | Gefolgschaft | Kompanie |
| Jungstamm | Stamm | Bataillon |
| Jungbann | Bann | Regiment |

Bei DJ und HJ gab es an der Uniform Abzeichen für die Dienststellung und für den Dienstrang. Die Dienststellung erkannte man an bunten Schnüren, den Rang an Sternen und Litzen am Oberarm bzw. auf den Schulterklappen.

[11] Die von Klose im Kapitel »Jugend im Widerstand« (S. 215 ff.) geschilderten Vorkommnisse mögen auf Wahrheit beruhen, waren aber durchaus nicht typisch. Es ist schlicht unredlich, wenn man jede damalige Kritik, jedes Herummeckern und -mäkeln heute zu hehrem Widerstand hochstilisiert. Ich gehörte selbst im Kriege einer kleinen Gruppe an, zu der etliche HJ-Führer zählten, die sich in parlamentsähnlichen Debatten – sogar mit einer schwarz-weiß-roten Fahne! – über die politischen Entwicklungen nach dem Krieg (!) unterhielten. Aber wir waren deshalb doch keine Widerstandskämpfer, wenn wir und unsere Eltern vielleicht auch Schwierigkeiten bekommen hätten, falls die Sache herausgekommen wäre.
[12] Vgl. u. a. Gesetz über die Hitlerjugend vom 1. 12. 36 (RGBl. I S. 993).
[13] Dazu Klose S. 46 ff. und S. 70 ff.
[14] Klose S. 95.
[15] So auch Klose S. 95 (oben).
[16] Franzen S. 53.
[17] Wie Anm. 16.
[18] Zutreffend Franzen S. 47: »Wenn heute viele behaupten, sie seien 'immer dagegen gewesen' im Sinne von 'immer *nur* dagegen', so ist das schlicht unwahr; dessen bin ich mir nach meinen Erinnerungen ganz sicher.«
[19] Zit. nach Schwinge, Bilanz, S. 3.
[20] Zutreffend Franzen S. 43: »Das 'Deutschland erwache, Juda verrecke' nahmen wir als eine geschmacklos-primitive Propaganda-Formel nicht ernst.« Man mag vergleichsweise eine Parallele ziehen, wenn anno 1993 Gewerkschafter bei Kundgebungen Bundesminister am Galgen hängend zeigen und Särge bei Demonstrationen zu einem gängigen Propagandamittel geworden sind.
[21] Mau-Krausnick S. 86.
[22] Mau-Krausnick S. 52.
[23] Roloff, Braunschweig und der Staat von Weimar, S. 190: »...erscheint es als eine der größten Belastungen der Weimarer Republik, daß sich in ihr die großen Weltanschauungsparteien zu Blöcken verhärteten, während die überzeugten Liberalen allmählich von der Toleranz zur Prinzipienlosigkeit und Gleichgültigkeit abzurutschen drohten. Gerade sie haben dann, in den Fängen des Nationalsozialismus, im Andersdenkenden eine sittliche und nationale Gefahr gesehen, gegen der Haß hochgezüchtet werden konnte.«
[24] Mau-Krausnick S. 87.
[25] Es gibt Schätzungen, daß wahrscheinlich weniger als 1000 Menschen über die Vorgänge bescheid wußten. Die Geheimhaltung klappte vorzüglich, übrigens auch innerhalb der Wehrmacht. Dort besagte u. a. ein grundsätzlicher Befehl des Führers vom 11. 1. 40 folgendes:
»1. Niemand, keine Dienststelle, kein Offizier dürfen von einer geheim zu haltenden Sache erfahren, wenn sie nicht aus dienstlichen Gründen unbedingt davon Kenntnis erhalten müssen.
2. Keine Dienststelle und kein Offizier dürfen von einer geheim zu haltenden Sache mehr erfahren, als für die Durchführung ihrer Aufgabe unbedingt erforderlich ist.
3. Keine Dienststelle und kein Offizier dürfen von einer geheim zu haltenden Sache bzw. dem für sie notwendigen Teil früher erfahren, als dies für die Durchführung ihrer Aufgabe unbedingt erforderlich ist.
4. Das gedankenlose Weitergeben von Befehlen, deren Geheimhaltung von entscheidender Bedeutung ist, laut irgendwelcher allgemeiner Verteilerschlüssel, ist verboten.«
Ähnliche Befehle und Weisungen gab es im militärischen und zivilen Bereich in großer Zahl. Sie beherrschten Führungsdenken und tägliche Praxis in hohem Maße.
[26] Nicolaisen, Flakhelfer, S. 141 ff. und Gruppenfeuer, S. 543 ff.

# 3.
# Zweimal Offizierlaufbahn

Im Jahre 1988 veröffentlichte ich in »Soldat im Volk«[1] einen Aufsatz unter der Überschrift »Wer war besser, wer hatte es besser?« Ich schilderte zwei Offizier(anwärter)karrieren, die eine von einem Mann des Jahrganges 1910 und die andere von einem, der 1960 geboren war und in die Bundeswehr eintrat. Diese Darstellung hat viel Zustimmung gefunden. Vor allem alte Soldaten, die noch in der Reichswehr oder in den frühen Jahren der Wehrmacht gedient hatten, gaben in schriftlichen oder mündlichen Stellungnahmen kund, daß sie sich selbst oder Verwandte, Freunde und Bekannte in jener Schilderung wiedergefunden hätten: so, wie dort in kurzen Zügen geschildert, sei es wirklich gewesen.

Der Aufsatz lautete (auszugsweise) wie folgt:

*Stellen wir uns vor, irgendwo im Deutschen Reich wurde im Jahre 1910 Fritz A. geboren. Sein Vater war mittlerer Beamter, einer von jenen, die bei relativ geringem, aber sicherem Einkommen, ein festes Weltbild von Kaiser und Reich, von Recht, Ordnung und Anständigkeit hatten. In diesem Sinne erzog er auch seine Kinder; die Mutter, sanft und bescheiden, war in allen Lebenslagen der gute, ausgleichende Geist der Familie. Gern erinnerte sich Fritz später der abendlichen Stunden, wenn der Vater ihn beiseite nahm und von schönen Vorkriegs- und schweren Kriegszeiten erzählte. Es waren keine großen Heldentaten, die der Vater auf dem Konto des Reserveoffiziers verbuchen konnte, aber er wußte von Kameradschaft und Pflichterfüllung, von männlicher Bewährung und – nicht zuletzt – von Entschlossenheit und aufrechter Haltung in mancher Notsituation zu berichten.*

*Nach dem Abitur, Ende der zwanziger Jahre, langten die ziemlich bescheidenen wirtschaftlichen Möglichkeiten der Familie nicht, Fritz studieren zu lassen. So versuchte er es – und der Vater war keineswegs dagegen – bei der Reichswehr, die ihm ohnehin als ein Hort der Sicherheit, hoch über allem Parteienzwist stehend, erschien. Ohne daß er es selbst zu hoffen gewagt hatte, gehörte er zu den wenigen unter den vielen Offizierbewerbern, die angenommen wurden.*

*Die Monate und Jahre vom Beginn der Rekrutenzeit bis zur Beförderung zum Leutnant waren anstrengend und hart, aber auch erfüllt von Gefühlen der Selbstbestätigung: du hältst durch, du kapitulierst nicht, du erreichst dein Ziel! Um Politik kümmerte man sich wenig. Da wurde manchmal einer mit Namen Adolf Hitler erwähnt. Die älteren Offiziere nannten ihn oft den böhmischen Gefreiten, unter den jüngeren galt er zuweilen als Symbol der Hoffnung auf eine irgendwie bessere Zukunft, politisch und wirtschaftlich gesehen. Aber letztendlich war man ja – gottlob – Soldat und nicht Parteimann!*

*Die sogenannte »nationale Revolution« – sie war vielleicht national, aber keine Revolution – erlebte Fritz A., gerade Leutnant geworden, zunächst als einen der vielen Regierungswechsel der Weimarer Zeit, aber den großen »Tag von Potsdam«, als sich der greise Reichspräsident Paul von Hindenburg, der Generalfeldmarschall und Sieger von Tannenberg 1914, und Adolf Hitler in der Garnisonkirche in einem feierlichen Staatsakt gegenüberstanden, empfand er als nationale Wende, als großen Tag der Geschichte, aber auch als eine Versöhnung zwischen konservativen Patrioten der alten Schule (wie sein Vater) und jungen Kräften des Aufbruchs in eine neue Zeit. Fritz A. und seine Offizierkameraden erkannten in Adolf Hitler in dieser Stunde keinesfalls den raffinierten Schauspieler, der, seriös im schwarzen Cut gekleidet, sich fast demütig vor dem Reichspräsidenten in Feldmarschallsuniform verneigte.*

*Die Jahre danach waren mehr und mehr von militärischer Aufbauhektik bestimmt. 1935 wurde aus der Reichswehr die Wehrmacht, es kam die allgemeine Wehrpflicht, das Rheinland wurde wieder militärisch besetzt, nachdem es bis dahin entmilitarisiert gewesen war. Dies alles war für Fritz A. nichts Böses, nichts Verwerfliches, ebensowenig wie die Rückkehr des Saarlandes zu Deutschland und 1938 die Eingliederung Österreichs in das nunmehrige Großdeutsche Reich. Mit einem Eintritt in die NSDAP ist Fritz niemals konfrontiert worden, denn als Berufsoffizier war das gar nicht möglich. Ansonsten hielt man sich die örtlichen Parteigrößen möglichst fern, sie galten im Offizierkorps als Emporkömmlinge, teilweise geradezu als »personae non gratae«.*[2]

*Gewiß, ab und zu gab es Gerüchte über politische Straflager, auch war der sog. Röhmputsch 1934 nicht ganz vergessen, aber das alles wurde von politischer Seite geschickt heruntergespielt. Revolutionäre Rand-*

*erscheinungen nannte man das, Übergriffe untergeordneter Parteifunktionäre. Im übrigen bewiesen Wahlen und Abstimmungen ab 1933, dann aber vor allem auch das Verhalten des Auslands, daß Deutschland in der großen Linie wohl auf dem richtigen Wege war! Den Krieg erlebte A. als Hauptmann, Major und zuletzt als Oberstleutnant. Wenn auch nicht zu den ganz hoch dekorierten Soldaten gehörend, bewährte er sich im Polen- und Frankreichfeldzug, war lange Zeit in Rußland und wurde zweimal verwundet. Von Massenhinrichtungen hat er nie etwas gesehen. Einmal wurde er Zeuge, wie Feldgendarmen drei russische Zivilisten aufhängten; es hieß, es seien Partisanen und sie hätten nachts einen deutschen Wachposten erstochen. Zweimal sah er nach einem Sturmangriff massakrierte deutsche Soldaten, die den Sowjets in die Hände gefallen waren.*

*Das Kriegsende erlebte A. in einem Lazarett und hatte das Glück, wegen Arbeitsunfähigkeit bald nach Hause entlassen zu werden. Aber wie sah das Zuhause aus? Die elterliche Wohnung kurz vor Kriegsende ausgebombt, der Vater, noch zum Volkssturm eingezogen, war zwei Tage vor dem Einrücken der Amerikaner gefallen, die Mutter lebte notdürftig in einem Einzelzimmer bei fremden Menschen. Als Fritz A. beim Wohnungsamt nach einer Bleibe fragte, lachte man ihn aus: 1. könne er keine Arbeitsstelle nachweisen, deshalb bekomme er gar keine Zuzugsgenehmigung und 2. sei es ihm ja als Militaristen lange genug gut gegangen, jetzt solle er sehen, wo er bleibe.*

*Beim Arbeitsamt, wo er sich nach einer Stelle erkundigte, stufte man ihn als Ungelernten ein, außerdem sei er als ehemaliger aktiver Offizier für die meisten Tätigkeiten moralisch ungeeignet, im übrigen sein Gesundheitszustand... Als er sich später einmal im Rathaus nach Pension, Rente oder wenigstens regelmäßiger Unterstützung erkundigte, lachte man ihn ebenfalls aus, er solle mit den paar Mark, die der neue Staat ihm »gnadenweise« zukommen lasse, vollauf zufrieden sein.*

*Genau 50 Jahre, nachdem Fritz A. das Licht der Welt erblickte, wurde Gerd B. geboren. Seine Eltern, beide berufstätig, hatten seit 1945 schwer gearbeitet, hatten sich quasi aus dem Nichts heraus nach und nach eine Existenz aufgebaut. Ohne daß man sie reich nennen konnte, hatten sie ihr gutes Auskommen; Auto, Kühlschrank und später der Fernseher waren keine Diskussionsthemen, so etwas hatte »man« eben. Gerd war ein Kind jener Wirtschaftswunderjahre, in denen es*

den meisten gut ging, in denen man nicht gern an Trümmer, Wohnungsnot, Lebensmittelkarten und Kohlenklauen erinnert wurde. Um so erstaunlicher war es für Eltern und Nachbarn, daß Gerd kurz vor dem Abitur den Wunsch äußerte, Offizier der Bundeswehr zu werden. Der Vater, selbst im Kriege Oberfeldwebel der Reserve und mit dem EK II ausgezeichnet, hatte eigentlich nie über Krieg, Soldatentum, über Siege, Niederlagen und Gefangenschaft gesprochen. Politik war allgemein bei Familie B. kein Thema gewesen. Nun ja, man ging zur Wahl, man las Zeitung, guckte abends in die »Röhre«...
Machen wir es kurz! Gerd B. ist heute Offizier und erhielt kürzlich seine Ernennung zum Berufssoldaten. Auch er mußte sich alle Mühe geben, die bisherigen Hürden zu nehmen, die Offizierbewerber-Prüfzentrale, die Rekrutenzeit, Lehrgänge über Lehrgänge mit Zwischen- und Hauptprüfungen, Manöver, Härteübungen. Mit der Beförderung zum Leutnant hatte er sich ein gebrauchtes Auto gekauft (der Papa hat ein paar Hunderter draufgelegt). Im Offizierheim redet man abends manchmal über Beförderungs- und Verwendungsstau, aber mehr noch über junge Mädchen, Autos, neue Schallplatten. Ab und zu wird auch über den Zweiten Weltkrieg gesprochen, über die deutschen Soldaten damals, von denen manche noch Kaiserzeit und Reichswehr erlebt hatten. Das Thema steht besonders an, wenn am Vorabend im Fernsehen wieder einmal die Vergangenheitsbewältiger aktiv waren.
Zum Schluß stellte ich in der Schilderung der beiden Offizieranwärter/Offiziere fest:
Natürlich weiß der Leser, daß A. und B. Menschen aus der Retorte sind, Phantasiegebilde. Aber dürfen wir sie nicht als irgendwie typisch verstehen, als Vertreter ihrer Generation? Kennt nicht jeder von uns einen solchen A. und einen B.? Sind es nicht vielleicht Hunderte oder Tausende, deren Leben etwa so abgelaufen ist? Die einen, wie A., im Lebensabend stehend, nicht ohne Bitterkeit, auch wenn es ihnen jetzt wirtschaftlich wieder einigermaßen gut geht; die anderen, wie B., in gesicherten Verhältnissen, ohne Alltagssorgen und das Leben noch vor sich habend, aber manchmal mit einer gewissen Bangigkeit vor der Zukunft (da nützen auch die schönsten gesetzlichen Absicherungen nichts).
Kriegsgediente gibt es heute in der Bundeswehr nicht mehr. Die letzten, die noch in der Wehrmacht als Soldaten gedient haben, sind

1986/87 in den Ruhestand versetzt worden; dann gab es noch einige, die zwar nicht mehr Soldat waren, aber bei der Flak als Luftwaffen- oder Marinehelfer militärische Erfahrungen in den Jahren 1943/45 sammeln konnten[3]. Doch auch sie – die jüngsten wohl Geburtsjahrgang 1929 – sind, selbst wenn sie bis zum 60. Lebensjahr gedient haben sollten, seit Jahren aus der Bundeswehr ausgeschieden. Somit bestehen die heutigen deutschen Streitkräfte, unter Einschluß derer, die aus der Nationalen Volksarmee in die Bundeswehr übernommen worden sind, ausschließlich aus Offizieren, Unteroffizieren und Mannschaften, die die alte Wehrmacht aus eigenem Erleben nicht mehr kennengelernt haben. Viele von ihnen erinnern sich mit Respekt der Wehrmachtgedienten, die ihre Ausbilder gewesen waren. Doch gibt es in allen Dienstgradgruppen auch solche, die sich in schöner Selbstüberschätzung als die wahren, vor allem als die einzigen »echt demokratischen« Waffenträger empfinden und die Angehörigen der Wehrmacht als die Gestrigen, ja die Ewiggestrigen abtun möchten. Wer so denkt, ist ein spezieller Adressat dieses Kapitels, das nicht den Anspruch erhebt, wissenschaftlich fundierte Beweise erbracht, aber Denkanstöße gegeben zu haben. Vielleicht führen sie zur Beschäftigung mit der einschlägigen, um Objektivität bemühten Literatur über Reichswehr, Wehrmacht und Drittes Reich.

Anmerkungen:

[1] Soldat im Volk Nr. 2/88 S. 2.
[2] Unerwünschte Personen, ein Begriff, der vor allem im diplomatischen Verkehr gebräuchlich ist.
[3] Dazu J. Schreiber in Luftwaffen-Revue 3/93 S. 56 ff.

# 4.
# Die 08/15-Sicht auf die frühere Wehrmacht

Häufig sind es gar nicht einmal so sehr die (angeblichen oder in Einzelfällen wirklich geschehenen) Verbrechen, die man der früheren Wehrmacht zur Last legt, sondern es grassieren nebulöse Vorstellungen über den Alltag der Truppe in Frieden und Krieg, so etwa, als ob in ihr von morgens bis abends Menschenwürde und Freiheit mit Füßen getreten, also zutiefst mißachtet worden wären. Die nach dem Zweiten Weltkrieg weit verbreitete sogenannte 08/15-Literatur[1] hat dazu ihr beachtliches Scherflein beigetragen, indem sie den berüchtigten »Schleifer Plazek«, die korrupten, auf kleinliche Vorteile bedachten Unteroffiziere und ordenssüchtige, von grundauf unmenschliche Offiziere in den Vordergrund von »Landsergeschichten« stellte. Der einfache Soldat – der Schütze, der Gefreite, der Obergefreite – wurden zur Kreatur, zum unterdrückten, den Vorgesetzten hilflos ausgelieferten armen Opfer.
So war es in Wirklichkeit natürlich nicht! Selbstverständlich gab es rüde, manchmal auch etwas sadistisch veranlagte Vorgesetzte, wie es sie durchaus auch bis heute in zivilen Betrieben gibt: den kleinen Mann, der eine Funktion erhalten hat und diese gegenüber Untergebenen unverhältnismäßig herausstellt, bis hin zu miesen Schikanen und kleinkarierten Quälereien. Das sind Menschen, die ihr Selbstwertgefühl aus ihrer (objektiv bescheidenen) Machtposition beziehen und diese nach außen hin immer wieder herausstellen möchten.
Das militärische Leben eröffnet seinem Wesen nach mehr Möglichkeiten für solche kleinen Geister, ihre Vorgesetztenstellung zu nutzen und gewissermaßen ihre Muskeln spielen zu lassen, als es das Zivilleben bietet. Dort kann auch ein brutaler Meister oder Vorarbeiter nicht seine Untergebenen nach Dienstschluß antreten lassen und mit ihnen eine Stunde nachexerzieren, womöglich noch mit ständigen Kommandos »Hinlegen!« oder »Volle Deckung!«.
Und doch war derart Negatives – jedenfalls in extremer Form – weder bei der Reichswehr noch bei der Friedenswehrmacht noch bei den deutschen Streitkräften im Kriege die Regel. Allerdings legte man – und das mit Recht! – auf eine »harte« Ausbildung Wert. Der Rekrut sollte lernen, die Zähne zusammenzubeißen, jede Form von Wehlei-

digkeit zu unterdrücken und Leistungsbereitschaft zu entwickeln. Muttersöhnchen waren nicht gefragt, dem Großmaul wurden die Leviten gelesen. Aber meistens waren vernünftige Offiziere da, die eventuellen Auswüchsen entgegentreten konnten. Das taten sie auch, wie viele ehemalige Soldaten bestätigen. Freilich gab es keinen Wehrbeauftragten oder eine ähnliche Dienststelle, bei der sich Soldaten auch wegen Lappalien beschweren durften. Andererseits waren aber die gesetzlichen Vorschriften so, daß Exzesse von Vorgesetzten bestraft werden konnten[2]. Ein erfahrener Heeresrichter berichtete mir einmal, daß Vergehen von Vorgesetzten gegen Untergebene – zumindest im Frieden – schärfer geahndet wurden als Fehlverhalten von Untergebenen, wenn es sich nicht gerade um Fahnenflucht oder tätlichen Angriff gegen einen Vorgesetzten handelte.

Für mich war die im Januar 1944 beginnende Rekrutenzeit eigentlich die vierte militärische Grundausbildung. Die erste hatte man in den Jahren des Jungvolks und der Hitlerjugend mitgemacht, dann kam ab Frühjahr 1943 die Luftwaffenhelferzeit, die sich im rein militärischen Rahmen und ausschließlich mit soldatischen Vorgesetzten abspielte[3], und an dritter Stelle folgten drei Monate Reichsarbeitsdienst, die im wesentlichen auch wieder vormilitärische Ausbildung waren, denn einen eigentlichen Arbeitseinsatz haben wir, von ein paar Tagen Ausheben von Luftschutzgräben abgesehen, nicht geleistet. Vom Umgangston her war übrigens die RAD-Zeit für mich wesentlich unsympathischer als die nachfolgende Rekrutenzeit in der Luftwaffe (was ich aber nicht verallgemeinert wissen möchte).

Da wir einerseits abgehärtet, andererseits durch die vorangegangenen paramilitärischen Ausbildungsgänge vorgeschult waren, fiel uns die militärische Grundausbildung nicht besonders schwer. Unsere Ausbilder waren teils Reserve-Unteroffiziere, teils Mannschaftsdienstgrade. Letztere ersetzten ihre mangelnde Ausbildungserfahrung manchmal durch besondere Schärfe und schneidiges Auftreten, aber schikanös war das alles nicht, wenn wir auch – und welcher Rekrut auf der ganzen Welt tut das nicht? – oftmals tüchtig fluchten und den einen oder anderen militärischen Vorgesetzten zum Teufel wünschten.

Schärfer war dann der anschließende Vorfliegerische Lehrgang an der Luftkriegsschule, der im wesentlichen ein Unteroffizier-Anwärterlehrgang war und bei dem wir immer wieder hören durften: »Was? Ihr wollt doch mal Offiziere werden!« Bis heute erinnere ich mich vor allem an harten Gefechts- oder Exerzierdienst, bei dem die Ausbilder bestrebt waren, daß unser Drillichzeug durch Matsch und Dreck tüchtig »eingesaut« wurde; und dann hieß es zum Schluß: »In einer Stunde ist Appell in sauberem Drillich!« Manche Schweißperle ist da beim Schrubben der Dienstkleidung und Putzen der Stiefel (unter größtem Zeitdruck!) geflossen, zumal es im Kriegsjahr 1944 keine gute Seife und kaum brauchbare sonstige Reinigungsmittel gab. Auch da Schimpfen und gelegentliches Verfluchen von Vorgesetzten, aber letztlich hat es niemandem geschadet.

An einen Vorfall im Fahnenjunkerlehrgang, der sich an den Vorfliegerischen Lehrgang anschloß, erinnere ich mich auch noch sehr genau, und ich möchte ihn als irgendwie typisch schildern. Wir hatten nach Meinung unseres Oberleutnants nicht gut getan (ich weiß nicht mehr, was eigentlich beanstandet worden war). Zur Strafe mußte der Lehrgang in der Mittagspause im Sportzeug mit Gasmaske heraustreten. In strömendem Regen wetzte der Offizier unter Assistenz einiger Unteroffiziere mit uns etwa eine Stunde durch die Gegend, ab und zu gab es Gasalarm, dann wieder Entwarnung, bis wir endlich pitschenaß und stinkwütend wieder an der Unterkunft ankamen. Und dann zu unserer größten Überraschung der Oberleutnant: »Alle trocknen sich schleunigst ab, hängen die nassen Klamotten auf und anschließend eine Stunde Bettruhe! Deckt Euch vernünftig zu, ich will morgen keinen mit Erkältung!« Diese doch irgendwie ausgewogene Mischung aus erzieherischer Maßnahme, Förderung der Ausbildung und Fürsorge hat auf uns alle damals ihren Eindruck nicht verfehlt. Sicher nur eine winzige Episode im Leben eines 18jährigen Offizieranwärters anno 1944, aber vielleicht eher typisch als etwa Ausnahmecharakter tragend.

Die Offizier- und die Flugzeugführerausbildung liefen bei uns in einem etwa siebenmonatigen Lehrgang parallel, das heißt, es war meist eine Woche fliegerische Schulung, eine Woche allgemeine Offiziersausbildung oder auch – je nach Flugwetterlage – ein tageweiser Wechsel. Da wir in unserer Inspektion alle Flugzeugführer werden wollten, erfreute sich die theoretische und praktische Pilotenausbildung größter Beliebtheit, während der andere Dienst gern mit dem Negativausdruck »Infanterismus« belegt wurde. Trotzdem räumten wir innerlich ein, daß

beides sein mußte, denn wir sollten und wollten ja nicht »nur« Flieger, sondern auch militärische Vorgesetzte werden. Ohne daß ich die Vergangenheit nach mehreren Jahrzehnten verklären möchte, muß ich doch sagen, die über sieben Monate des Fahnenjunkerlehrganges waren eine schöne Zeit, nicht zuletzt auch, weil man feste Ziele vor Augen hatte: Flugzeugführerausbildung erfolgreich abschließen, Offizierprüfungen bestehen, zum Fronteinsatz kommen. Außenstehende und Ungediente werden es kaum glauben, zumindest nicht verstehen (ich erinnere mich aber sehr genau), daß wir im Sommer 1944 unseren Aufsichtsoffizier bang fragten: »Werden wir denn noch vor dem siegreichen Ende des Krieges zum fliegerischen Einsatz kommen?« Und der Offizier beruhigte uns: »Solche Bedenken hatten wir früher auch, aber wir sind noch alle zum Einsatz gekommen!«[4]
Diejenigen, denen heute alle in- und ausländischen Quellen zur Verfügung stehen, die die Dinge ein halbes Jahrhundert danach und in aller Ruhe betrachten, mögen ihr weises Haupt über solche Blindheit – man kann es wohlwollend auch Idealismus nennen – schütteln. Man muß sich aber immer wieder klarmachen, daß es damals kein Fernsehen gab, daß das Abhören ausländischer Rundfunkstationen bei schwersten Strafen verboten war und die gesamte deutsche Presse einheitlich im Sinne eines Propagandaministers Dr. Joseph Goebbels und seiner Mannen ausgerichtet war. Stalingrad lag anderthalb Jahre zurück, die Größe dieser Katastrophe, der Opfergang einer ganzen Armee, war der deutschen Öffentlichkeit nie voll bewußt geworden. Mit Totschweigen oder mit hochtrabenden Phrasen, zum Beispiel mit dem Vergleich zum klassischen Opfergang an den Thermopylen, hatte es die Kriegspropaganda verstanden, diese Katastrophe herunterzuspielen. Die wenigsten – und wir jungen Offizieranwärter schon gar nicht – verbanden damals mit Stalingrad die Vorstellung einer großen Kriegswende, abgesehen davon, daß in der seriösen Kriegsliteratur noch heute darüber gestritten wird, wann und wo die oder eine Kriegswende stattgefunden habe; während der Luftschlacht über England 1940, mit dem Scheitern des Uboot-Krieges in den mittleren Kriegsjahren, vor Moskau im Winter 1941, in der Materialschlacht bei Kursk 1943, in Afrika, bei der Landung in der Normandie 1944 usw.
Vom Kämpfen, Überleben und Sterben in Stalingrad ist seit 1945 von Deutschen und Russen, von Soldaten und Zivilisten, von Augenzeugen

und Wissenschaftlern, von Berufenen und weniger Berufenen so viel geschrieben worden, daß sich im Jahre 1994 ein zusätzlicher Kommentar schlichtweg erübrigt. Worte wie Heldentum und Opfertod – auf beiden Seiten – können den Geschehnissen kaum gerecht werden und eher blasphemisch wirken. Die militärfachliche Diskussion unter Kriegshistorikern und Generalstäblern, inwieweit das Halten von Stalingrad die deutsche Ostfront oder wenigstens deren südlichen Teil (zwei Heeresgruppen) gerettet und Hunderttausenden das Leben erhalten oder sie vor Gefangenschaft bewahrt hat, wird nicht enden. Die Furchtbarkeit des Krieges und letztlich seine Sinnlosigkeit werden aber durch keine Schlacht des Zweiten Weltkrieges eindringlicher unterstrichen, selbst wenn man aus strategischer Sicht andere Schlachten für stärker kriegsentscheidend hält.

Einige nüchterne Zahlen sollen angeführt werden. Im Kessel befanden sich 18 deutsche Infanteriedivisionen, 2 Panzerdivisionen, die 9. Flakdivision sowie zwei rumänische Divisionen (1 InfDiv., 1 KavDiv.), also insgesamt 23 Divisionen, dazu 5 Korpsstäbe und der Stab der 6. Armee neben zahlreichen kleineren Dienststellen und Truppenteilen (Korpstruppen usw.), alles in allem 230 000 bis 260 000 Mann, darunter auch über 10 000 auf deutscher Seite kämpfende Russen und kleinere Gruppen von Italienern, Ungarn, Kroaten und anderen.

Die Zahl der Verwundeten, Kranken und Spezialisten, die ausgeflogen worden sind, wird zwischen 25 000 und 42 000 Mann angegeben; auch über die Gefangenenzahlen wird Unterschiedliches berichtet, nämlich zwischen 91 000 und 135 000, teilweise noch mehr. Fest steht auf jeden Fall, daß von den deutschen Gefangenen nach dem Krieg nur 6000 in die Heimat zurückgekehrt sind. Erwähnenswert – weil häufig vergessen – ist auch die Tatsache, daß die deutsche Luftwaffe während des Kampfes um Stalingrad über 1000 Mann fliegendes Personal und rund 500 Flugzeuge verloren hat. Das entsprach zahlenmäßig den fliegenden Verbänden eines ganzen Fliegerkorps.

Im Kessel ums Leben gekommen sind über 60 000 deutsche Soldaten, die sowjetischen Verluste werden mit annähernd einer Million angegeben. Aber auch hier schwanken die Zahlenangaben. Letztlich gilt für beide Seiten, was Paul Carell in seinem eindrucksvollen Stalingradbuch gesagt hat: »Um das Wieviel wird bis heute gestritten. Doch Leid, Tod und Tapferkeit bekommen durch Menschenerörterung kein ande-

res Gesicht.« Bedenkenswert ist das Urteil des französischen Generals *Jean de Lattre de Tassigny* aus dem Jahre 1946: »Es hat in unserer Zeit noch einige ganz große Leistungen gegeben, zum Beispiel die Deutschen in Stalingrad. Sie standen für einen unsinnigen Befehl, einen irrsinnigen Befehl. Aber was sie geleistet haben, ist vorbildlich.«[5]
Vielleicht war ein ähnliches Gefühl 1943 bei der Mehrheit der Deutschen verbreitet, eine Mischung aus tiefer Trauer, ratlosem Kopfschütteln und achtungsvoller Bewunderung. Mit dem heutigen Erkenntnisstand und dem überwiegenden Empfinden in der zweiten Hälfte des 20. Jahrhunderts kann man das nur schwer nachvollziehen. Aber *eine* Frage muß erlaubt sein: Waren die Männer von Stalingrad Opfer oder Täter? Die Antwort ist für jeden anständig Denkenden eindeutig.
Streitkräfte, die nur aus den eingangs erwähnten 08/15-Figuren bestanden hätten, wären niemals in der Lage gewesen, die Siege von 1939 bis 1942/43 zu erringen, die der Deutschen Wehrmacht schließlich nicht in den Schoß gefallen sind[6]. Die Soldaten haben dabei in ihrer überwiegenden Mehrheit nicht für Adolf Hitler gekämpft, spätestens seit 1941 auch nicht mehr für den Nationalsozialismus. Das gilt ganz besonders für das Durchhalten von 1943 bis 1945. »Der Fahneneid, die als Pflicht empfundene Verteidigung des Vaterlandes und der engeren Heimat, der Schutz der Familien, Frauen und Kinder haben eine wichtige Rolle für den Kampfwillen bis zur Kapitulation gespielt. Nicht die Furcht vor dem Kriegsgericht oder blinder Gehorsam oder gar nationalsozialistischer Fanatismus haben bewirkt, daß unzählige Soldaten oft auf sich allein gestellt, ohne Hoffnung auf Erfolg oder Anerkennung ihr Leben hingaben.«[7] Das war keine 08/15-Wehrmacht. Sicher waren es Streitkräfte, die von einer letztlich verantwortungslosen politischen Führung mißbraucht worden sind. Doch auch heute sprechen wir allenthalben vom Primat der Politik. Das sollte man nicht vergessen!
Schon 1934 hatte Adolf Hitler die sogenannte Zwei-Säulen-Theorie entwickelt und wie folgt formuliert: »Die Staatsführung wird von zwei Säulen getragen, politisch von der in der nationalsozialistischen Bewegung organisierten Volksgemeinschaft, militärisch von der Wehrmacht. Es wird für alle Zukunft mein Streben sein, dem Grundsatz Geltung zu verschaffen, daß der alleinige politische Willensträger in der

Nation die nationalsozialistische Partei, der einzige Waffenträger des Reiches die Wehrmacht ist.«[8] Wenn auch durch den allmählichen Ausbau bewaffneter SS-Formationen bis hin zum Aufbau der Waffen-SS dieser Grundsatz schon bald durchbrochen wurde, so blieb doch im Bewußtsein weiter Volkskreise die Wehrmacht ein Hort der Parteifreiheit, ja für viele, die politische Schwierigkeiten hatten oder befürchten mußten, eine Art Fluchtburg[9].

Ich selbst wurde 1942 oder 1943 einmal von der HJ-Führung darauf angesprochen, ob ich – damals Führer einer HJ-Gefolgschaft – daran interessiert sei, mich als Anwärter für die NSDAP-Mitgliedschaft zu bewerben. Als ich antwortete, ich hätte mich bereits für die aktive Offizierlaufbahn entschieden und da käme die Parteimitgliedschaft ja »leider« nicht in Betracht[10], ließ man sofort von mir ab, und ich wurde niemals mehr mit dieser Frage konfrontiert.

Ein Abschlußwort noch zur nationalsozialistischen Schulung in der Luftwaffe. Sie war – soweit ich es erlebt habe – nicht besonders ausgeprägt.[11] Es gab zwar in der Wehrmacht das scherzhafte Wort vom königlich preußischen Heer, der Kaiserlichen Marine und der NS-Luftwaffe; das entsprach aber keineswegs den Tatsachen.[12] Auf der Luftkriegsschule war der Unterricht, soweit es überhaupt Berührungspunkte mit dem Nationalsozialismus gab[13], kaum anders als auf den Oberschulen und Gymnasien. Für den Geschichtsunterricht hatten wir einen Universitätsprofessor, der im Dienstgrad Obergefreiter (er wurde während unseres Fahnenjunkerlehrganges Unteroffizier) jüngere deutsche Geschichte lehrte, gewiß mit den damals gängigen NS-Akzenten, aber in keiner Weise typisch »nazistisch«. Das Judenproblem wurde kaum, die Institution der Konzentrationslager überhaupt nicht angesprochen. Daß es letztere gab, wußten wir alle. Außerdem konnten wir bei einem vorübergehenden Aufenthalt auf dem Fliegerhorst Landsberg/Lech fast täglich KZ-ler beobachten. Sie zogen in großen Kolonnen, bewacht meist von ältlichen Soldaten der Wehrmacht (keine Waffen-SS), zu irgendwelchen Baustellen am Flugplatz oder in dessen weiterer Umgebung und machten einen recht elenden, aber keineswegs katastrophal schlechten Eindruck. Ob es sich bei ihnen um politische oder kriminelle Gefangene, um Ausländer oder Deutsche handelte, wußten wir nicht. Jedenfalls habe ich (und haben meine Kameraden) nicht ein einziges Mal Brutalität der Wachmannschaften oder Grau-

samkeiten gegenüber den Gefangenen festgestellt. Das bedeutet natürlich nicht, daß es so etwas nicht gegeben habe, aber es war für uns mangels eigener Kenntnis kein Thema.
Nach einem feindlichen Luftangriff im Münchner Raum wurde einmal ein verwundeter amerikanischer Flieger zum Fliegerhorst Fürstenfeldbruck gebracht. Er wurde von einem zivilen Wachmann gestützt und humpelte mühsam voran. Da schnauzte ein Oberleutnant den Wachmann an: »Lassen Sie den Kerl los, der kann allein laufen!« Dieses Verhalten löste bei uns, die wir den Vorfall beobachtet hatten, eine gewisse Empörung aus, denn wir stellten uns vor, daß es uns in ein paar Monaten bei einem Abschuß über Feindgebiet vielleicht ähnlich ergehen könnte. In der Unterkunft gab es eine Debatte darüber, aber so etwas im Unterricht zu behandeln, fand sich keine Gelegenheit. Wir empfanden aber das Benehmen des deutschen Offiziers nicht als »gentlemanlike«.
Als nach dem Attentat auf Hitler am 20. Juli 1944 der Deutsche Gruß anstelle des Handanlegens an die Kopfbedeckung eingeführt wurde, fanden wir dies ziemlich befremdlich. Aber auch diese Frage war kein Unterrichtsthema. Man handelte nach dem Grundsatz »Befehl ist Befehl«, und es gab in dieser Zeit für uns wesentlich wichtigere Dinge. Das Wort Menschlichkeit war damals übrigens nicht gefragt, aber es wäre unwahr zu behaupten, daß das, was wir lernten oder selbst erlebten, unmenschlich war. Man kann dies, wenn man gerecht sein will, nicht mit den empfindsamen Maßstäben des Jahres 1950 oder 1990 messen.
Ich möchte dieses Kapitel mit der wiederholenden Feststellung abschließen, daß 99% aller Soldaten das Wort Auschwitz niemals gehört haben, daß man den Begriff Vernichtungslager nicht kannte und viele Erscheinungen zwar als bedauerlich, aber kriegsbedingt einstufte. Gerade wir jungen Soldaten hatten manchmal das Gefühl, daß nach dem Kriege manches geändert werden müsse; ja, ein bayerischer Kamerad bemerkte einmal, der nächste Krieg müsse gegen die SS geführt werden.
Gegen die Waffen-SS hatten wir als Flieger ohnehin einen gewissen Soupçon, nicht so sehr aus ideologischen Gründen, sondern weil zunehmend Gerüchte aufkamen, die Waffen-SS strebe nach eigenen Fliegerkräften. Entschieden lernten und vertraten wir nämlich den Göring-

Grundsatz: alles, was fliegt, muß zur Luftwaffe gehören. Man hatte auch (ob berechtigt oder nicht) ein dumpfes Gefühl, der Reichsmarschall decke die Luftwaffe gegen allzu starke NS-Einflüsse ab. Eine heftige Feindschaft zwischen Göring und Heinrich Himmler ist wohl auch nicht zu bestreiten. Wir »kleinen Fahnenjunker« erörterten einmal ernsthaft, ob Göring eher Nazi oder mehr deutschnational sei (was besser zu seinem Pour-le-mérite zu passen schien). Wenn dies nach heutigem Kenntnisstand auch barer Unsinn war, so zeigte sich doch darin zweierlei: erstens, daß Wehrmacht und NS-System keineswegs ein monolithischer Block war, nicht einmal im Bewußtsein der Jugend, und zweitens, daß bei aller jugendlich-patriotischen Begeisterung ein verbohrter »Nazismus« nicht Allgemeingut der Jugend war.

Anmerkungen:

[1] Das Maschinengewehr 08/15 hat bekanntlich Pate gestanden für den allgemeinen Begriff »08/15«, der bis heute als saloppe Abkürzung für Kasernenhofdrill und (angeblichen) preußisch-deutschen Militarismus gebraucht wird.

[2] Vgl. Mißbrauch der Dienstgewalt zu nicht dienstlichen Zwecken, § 114 MStGB, Anstiftung eines Untergebenen zu einer Straftat, § 115 MStGB, Unterdrückung einer Beschwerde, § 117 MStGB, Beleidigung eines Untergebenen, § 121 MStGB, Mißhandlung eines Untergebenen, § 122 MStGB u. a.

[3] Vgl. auch J. Schreiber, Luftwaffen- und Marinehelfer (Flak), Luftwaffen-Revue 3/93, S. 100 ff.

[4] Die gleiche (völlig unrealistische) Gefühlslage beschreibt Robert Jung für die Zeit seiner fliegerischen Ausbildung 1943/44 in seinem im Selbstverlag herausgegebenen Buch »Auf verlorenem Posten – Die Geschichte eines jungen Jagdfliegers (Mainz 1993) auf S. 59 und 64: »Uns beseelte nur ein Gedanke: Hoffentlich dauert der Krieg noch so lange, damit wir davon noch etwas mitbekommen.«

[5] De Lattre de Tassigny gegenüber Carl Jacob Burckhardt, zit. bei Schwinge, Bilanz, S. 50.

[6] Ende der 50er Jahre veröffentlichte die militärgeschichtliche Abteilung der israelischen Armee eine von ihr angestellte internationale Befragung, die später auch in deutscher Sprache in Graz und Berlin veröffentlicht worden ist.
Das Ergebnis war verblüffend. Es ging um die objektive Bewertung der Armeen der Welt in beiden Weltkriegen. Unter anderem waren folgende Fragen zu beantworten:
Welche Armee betrachten Sie als die beste?
Welche Soldaten sind am anpassungsfähigsten?
Welche Soldaten zeigen die meiste Initiative, persönliche Geschicklichkeit oder Kampfgewandtheit?
Welche Soldaten liegen nach ihren Leistungen im Krieg und in ihrer Kampferfahrung an der Spitze?
Von den Organisatoren dieser Umfrage war eine Punktbewertung angesetzt worden. Es gab dabei ein Optimum von 100 und eine unterste Punktbewertung von zehn Punkten, da vorausgesetzt wurde, daß kein menschliches Wesen gänzlich ohne Mut, geistige Fähigkeit und Energie wäre. Dabei ergab sich folgende Bewertung:

Für den Ersten Weltkrieg:

| | | | |
|---|---|---|---|
| Deutsche Armee | 86 Punkte | Amerikanische Armee | 49 Punkte |
| Französische Armee | 65 Punkte | Russische Armee | 45 Punkte |
| Englische Armee | 59 Punkte | Österr.-ungar. Armee | 37 Punkte |
| Türkische Armee | 52 Punkte | Italienische Armee | 22 Punkte |

Für den Zweiten Weltkrieg:

| | | | |
|---|---|---|---|
| Deutsche Wehrmacht | 93 Punkte | Britische Armee | 62 Punkte |
| Japanische Armee | 86 Punkte | Amerikanische Armee | 62 Punkte |
| Sowjetische Armee | 83 Punkte | Französische Armee | 55 Punkte |
| Finnische Armee | 79 Punkte | Italienische Armee | 24 Punkte |
| Polnische Armee | 71 Punkte | | |

[7] Karl-Günther von Hase bei Schreiber, Bewältigung, S. 74.

[8] Zit. nach Klaus-Jürgen Müller, Schicksalsjahre deutscher Geschichte, Boppard 1964, S. 178.

[9] Schreiber, Täter, S. 40, Bösch S. 110.

[10] Nach § 26 des Wehrgesetzes ruhte die Zugehörigkeit zur NSDAP auf die Dauer des aktiven Wehrdienstes. Praktisch bedeutete dies für Berufssoldaten Unvereinbarkeit ihres Berufes mit der Mitgliedschaft in der NSDAP.

[11] Nach vielfältigen Bekundungen von Soldaten aller Wehrmachtteile galt dies auch für Heer und Kriegsmarine, zumindest bis zu den Ereignissen des 20. Juli 1944. Darüber können auch gewisse Schulungshefte und politische Traktate nicht hinwegtäuschen, weil sie im Truppenalltag keine Rolle spielten. Viele Redensarten wie z. B. »Für Führer, Volk und Vaterland« oder »In unverbrüchlicher Treue zum Führer« und viele damit zusammenhängende Phrasen waren für die meisten Soldaten reine Leerformeln, die man »herunterbetete«, ohne sich allzu viele Gedanken zu machen.

[12] Boog S. 530: »So bleibt schließlich, daß die Luftwaffe und ihr Offizierkorps in der Masse nicht nationalsozialistischer war als Heer und Marine und auch nicht in dem Ausmaße von NS-Gesinnung durchdrungen war, wie man bis dahin angenommen hatte.« Und noch deutlicher (a.a.O.): »So war die politische Haltung in der Luftwaffe im allgemeinen wohl indifferenter als in Heer und Marine.«

[13] Fächer wie Lufttaktik, Flugzeugtechnik, Aerodynamik, Navigation, Flugwetterkunde usw. konnten keine politischen Akzente aufweisen. Das aber waren die uns wichtigen Ausbildungsgebiete. Dazu Boog (wie Anm. 12): »...daß in der Luftwaffe die weltanschaulich noch neutrale Technik bestimmte und daß es dort vor allem auf das Funktionieren der Technik ankam. Hierzu bedurfte man in allererster Linie des Technokraten ... und nicht so sehr des Ideologen oder des ideologisch fixierten Offiziers.«

[14] Boog (wie Anm. 12) spricht auch von der Luftwaffengeneralität als politisch »buntgemischt«, von Reaktionären, Nichtnationalsozialisten, Antinationalsozialisten und NS-Idealisten.

# 5.
# Üble Verzerrungen

Es hat in der Weltgeschichte wohl noch nie ein Krieg stattgefunden, in dem es nicht neben Tapferkeit, Ritterlichkeit und Kameradschaft (nebst anderen Tugenden) auch Verbrechen und Scheußlichkeiten schlimmer und schlimmster Art gegeben hat. Andererseits hat man auch schon immer so etwas wie eine Greuelpropaganda gekannt, das Verbreiten von Lügen und Übertreibungen, um den Gegner verächtlich zu machen und die Kampfeswut der eigenen Soldaten (in der Neuzeit auch immer mehr der Zivilbevölkerung[1]) zu verstärken.
Schon im Mittelalter wurde dem Gegner häufig Grausamkeit und hinterhältige Kriegführung nachgesagt, Brunnenvergiftungen, Leichenschändung, Vergewaltigung von Frauen, gräßliche qualvolle Tötungen. Im Dreißigjährigen Krieg gab es, wie alte Stiche und zeitgenössische Pamphlete beweisen, bei den Kriegführenden eine umfängliche Hetzpropaganda, wobei religiös motivierter Haß eine besondere Rolle spielte.
Im Ersten Weltkrieg wurde die Greuellüge, deutsche Soldaten hätten 1914 in Belgien kleinen Kindern die Hände abgehackt, zu einem Hauptpropagandamittel gegen Deutschland. Erstmals behauptete ein Korrespondent der Londoner *Times* Ende August 1914, ihm sei von einem Mann berichtet worden, vor dessen Augen deutsche Soldaten einem Kleinkind, das sich am Rock der Mutter festhielt, die Arme abgeschlagen hätten. Diese absurde Behauptung erweiterte sich dann immer mehr, es kamen angebliche Meldungen von französischen Soldaten hinzu, die Deutschen schnitten häufig (!) im besetzten Gebiet Knaben die Hände ab, es wurden sogar Fotomontagen erstellt, entsprechende Bilder und vor allem blutrünstige Karikaturen verbreitet, und das ganze gipfelte dann in der hanebüchenen Lüge, deutsche Soldaten hätten sogar die abgehackten Kinderhände aufgegessen. Zu Propagandazwecken wurde die Statue eines Kindes ohne Hände hergestellt, ein entsprechendes Bild weltweit in der Presse publiziert.
In seinen Erinnerungen schrieb der italienische Ministerpräsident Francesco Nitti: »Um der Welt die Wahrheit ... vor Augen zu führen, müssen die schändlichen, von der Kriegspropaganda geschaffenen Lügen

immer wieder und immer wieder zerstört werden. Während des Krieges hat Frankreich, gemeinsam mit anderen Verbündeten, einschließlich unserer eigenen Regierung in Italien, die widersinnigsten Erdichtungen in Umlauf gesetzt, um den Kampfgeist anderer Völker zu erwecken. Die den Deutschen zur Last gelegten Grausamkeiten waren haarsträubend. Wir hörten die Geschichte von armen, kleinen belgischen Kindern, denen die Hunnen die Hände abgeschnitten hatten ... Lloyd George und ich selbst, als ich an der Spitze der italienischen Regierung stand, stellten ausgedehnte Nachforschungen an, um die Wahrheit über diese schrecklichen Anschuldigungen zu ermitteln. Bei einigen von ihnen waren uns Namen und Orte angegeben worden, aber jeder untersuchte Fall erwies sich als Legende.«[2]

Eine zweite unglaubliche Lüge im Ersten Weltkrieg war die Behauptung, die Deutschen würden aus den Leichen fremder und sogar eigener Soldaten Seife herstellen. Man nutzte hier ein kleines sprachliches Problem geschickt zu Propagandazwecken, weil im Französischen »le cadavre« sowohl die menschliche als auch die tierische Leiche bezeichnet, während das deutsche Wort Kadaver ausschließlich ein totes Tier meint. Da nun wegen der großen Rohstoffnot aus Tierleichen Fett gewonnen und zu Seife verarbeitet wurde, machte die feindliche Greuelpropaganda daraus, in Deutschland werde aus Leichen schlechthin, also auch aus menschlichen Leichen, Seife hergestellt. Um den deutschen Barbaren darzustellen, paßte dies gut zu den Greuelmärchen von den abgehackten Kinderhänden. Diese Lüge wurde dann im Zweiten Weltkrieg wieder aufgegriffen, indem die alliierte Propaganda behauptete, in den Konzentrationslagern würde aus den Leichen Verstorbener Seife gewonnen.

*Guernica*

Wenn von den »Untaten von Nazis und Faschisten« gesprochen wird, taucht immer wieder der Name Guernica auf, eine Kleinstadt im Baskenland, die am 26. April 1937 von Flugzeugen der deutschen Legion Condor und italienischen und nationalspanischen Flugzeugen bombardiert worden ist. Generalleutnant a.D. Adolf Galland, selbst zeitweise Angehöriger der Legion Condor, schreibt in seinem bekannten Buch[3] über den Angriff auf Guernica, er sei von der antideutschen Propaganda »zum Inbegriff deutscher Ruchlosigkeit und Barbarei« gemacht worden.«Selbst heute, nach Rotterdam und Warschau, nach Hamburg, Kassel, Rothenburg und Berlin, ja selbst nach dem Grauen von Dresden, geistert Guernica noch durch den Hintergrund deutschfeindlicher Ressentiments.«[4]

Zum 50. Jahrestag des Bombardements, 1987, wetteiferten fast alle deutschen Fernseh- und Rundfunkanstalten neben dem deutschen Blätterwald mit wüsten, meist von Sachkenntnis kaum getrübten Kommentaren, Tatsachenberichten und Erinnerungen über das Ereignis. Guernica wurde zum Übungsziel für deutsche Stukas, obwohl dort nicht ein einziger Stuka eingesetzt gewesen war, man sprach von der Erprobung von Flächenbombardements, obwohl man diese damals noch gar nicht kannte und die relativ wenigen eingesetzten Flugzeuge (um die 30) dazu ohnehin nicht in der Lage gewesen wären. Wochenschauaufnahmen aus dem japanisch-chinesischen Krieg, aus dem Abessinienkrieg und aus dem späteren Polenfeldzug wurden teils geschickt, teils in ziemlich plumper Weise in die Guernica-Berichte eingebaut. Man scheute auch nicht vor üblen Fotomontagen und anderen Fälschungen zurück, bei denen verletzte oder tote Kinder und verzweifelte Mütter eine besondere Rolle spielten.

Einer der gründlichsten und sicher objektiven Erforscher des historischen Geschehens vom 26. 4. 37 ist der spanische General Jesus Salas Larrazabal, selbst nicht Teilnehmer am spanischen Bürgerkrieg, der die Hauptthesen der *Legende* um Guernica etwa wie folgt dargestellt hat:

– es sei eine offene Stadt ohne militärische Bedeutung angegriffen worden;
– im Ort sei kaum Militär gewesen, dafür aber hätten sich viele Marktbesucher aus der Umgebung aufgehalten, was zu schweren Verlusten der Zivilbevölkerung geführt habe;
– die Front sei am Tage des Bombenangriffs noch sehr weit vom Ort entfernt gewesen;
– der Angriff sei ausschließlich von deutschen Flugzeugen durchgeführt worden und habe über drei Stunden gedauert;
– die Stadtzerstörung sei geplant gewesen und mit einer besonders großen Bombenzuladung erreicht worden und
– die Zahl der Todesopfer sei sehr hoch gewesen. (In den Massenmedien, vor allem im deutschen Fernsehen, wurden teilweise bis zu 3000 Tote genannt.)

Dazu erklärt General Salas kategorisch: »Ich habe alle ... verschiedenen Aspekte dieser Legende eingehend ohne Vorurteile untersucht und bin zu der überraschenden Feststellung gelangt, daß *nicht ein einziger dieser Punkte der Wahrheit entspricht.* Die leidenschaftliche Anteilnahme hatte ... wieder über die Vernunft gesiegt.«[5]
Ich selbst habe eingehende Korrespondenz mit Offizieren geführt, die seinerzeit den Angriff mitgeflogen hatten. Daraus sowie aus der Durcharbeitung der einschlägigen Literatur kann folgendes als historisch gesichert angesehen werden. Zur Zeit des Luftangriffs lag das Landstädtchen nicht etwa weit im Hinterland. Es war vielmehr unmittelbares Frontgebiet, denn es befand sich im Wirkungsbereich der national-spanischen Offensivkräfte, die gegen Bilbao vordrangen und sich am Abend vor dem Bombardement auf etwa 20 km Guernica genähert hatten. In dieser Situation spielte Guernica für die republikanischen Truppen als Nachschubbasis und Verkehrsknotenpunkt eine operativ, zumindest aber taktisch wichtige Rolle. Das gilt auch für die Betonbrücke im Vorort Renteria, ein Hauptziel des Luftangriffs, und die wenigen befestigten Straßen in der Umgebung. Im übrigen befanden sich in der kleinen Stadt mehrere Munitionsfabriken, ein nicht ganz unbedeutender Bahnhof und mehrere Kasernen, die noch mit Truppen belegt waren, alles militärisch wichtige Ziele, die natürlich von denen verschwiegen werden, die aus dem taktischen Einsatz der Legion Condor mit aller Gewalt einen Terrorangriff gegen die unschuldige Zivilbevölkerung machen wollen.
Die Zahl der beteiligten Flugzeuge konnte bis heute nicht genau geklärt werden, wohl aber steht die Größenordnung fest: unter Einschluß der beteiligten italienischen und nationalspanischen Maschinen waren es um 30 Bomber, wobei ein Plus oder Minus von 2–3 Flugzeugen einkalkuliert werden muß. Man vergleiche diese Zahlen einmal mit den sogenannten 1000-Bomber-Angriffen auf Köln, Hamburg, Dresden usw.!
Soweit Zivilpersonen getötet und nichtmilitärische Ziele, zum Beispiel Wohnhäuser, getroffen wurden, handelte es sich um Fehlwürfe, die bei den damals zur Verfügung stehenden Zielgeräten häufiger vorkamen (die meisten angreifenden Flugzeuge waren vom Typ Ju 52, einem Behelfsbomber, der als Passagier- und Transportflugzeug konzipiert war). Relativ große Brände entstanden im Ort, weil die ziemlich eng

stehenden alten Häuser viel Holz aufwiesen und außerdem die Feuerwehr zu spät anrückte.

Bei den Ermittlungen (1937–1939) der Zahl der Toten konnte nicht einmal eindeutig zwischen getöteten Einwohnern von Guernica, zivilen Flüchtlingen aus der Umgebung und gefallenen republikanischen Soldaten unterschieden werden. Einige Quellen sprechen von 226 Toten, in anderen (seriösen) Veröffentlichungen ist von etwa 250 die Rede. General Salas spricht sogar von nur 120 Opfern. In keinem Falle aber waren es »Tausende«, wie es die vor allem auf kommunistischen Veröffentlichungen beruhenden Berichte[6] – einschließlich deutsches Fernsehen – behaupten.

Alles in allem war es ein konventioneller Bombenangriff auf eine Stadt mit rüstungswirtschaftlich und verkehrstechnisch nicht ganz unbedeutenden Anlagen, in der sich auch noch feindliche Truppen aufhielten, deren Rückzug verhindert oder zumindest gestört werden sollte. Es kam zu bedauerlichen Bombenfehlwürfen, wie sie im Zweiten Weltkrieg und in den nachfolgenden Kriegen immer wieder vorgekommen sind, auch im Golfkrieg und im Somalia-Einsatz 1993. Vom Standpunkt des geltenden Kriegsvölkerrechts ist gegen einen solchen Angriff, wenn er sich nicht bewußt gegen die Zivilbevölkerung richtet (wie es bei den angloamerikanischen Bombardements in der zweiten Hälfte des letzten Weltkrieges der Fall war), nichts einzuwenden. Aber solche Argumente liegen denen ganz fern, die es für »volkspädagogisch wertvoll« halten, deutsche Soldaten stets nur als Täter, als Rechtsverächter und Gewissenlose darzustellen.

*Lidice*

Im Rahmen der Darstellungen des Dritten Reiches und seiner Streitkräfte nimmt der tschechische Ort Lidice eine besonders negative Stellung ein. Die Fakten waren, verkürzt dargestellt, folgende: der stellvertretende Reichsprotektor von Böhmen und Mähren, Reinhard Heydrich, wurde am 27. Mai 1942 von exiltschechischen Agenten, die in Großbritannien ausgebildet und per Fallschirm über dem Protektorat abgesetzt worden waren, durch einen Anschlag mit Bombe und Schußwaffen schwer verletzt. Er starb wenige Tage später. In einer als Vergeltungsaktion deklarierten Strafmaßnahme wurde am 10. Juni 1942 das Dorf Lidice umzingelt, die 173 männlichen Einwohner wur-

den erschossen, die Frauen und Kinder in KZ's verbracht. Anschließend wurden die Häuser vernichtet.
Diese Untat wurde von einem Bataillon der Sicherheitspolizei begangen. An den Morden waren weder Wehrmacht noch Waffen-SS beteiligt. Dazu führte das als seriös anerkannte »Institut für Zeitgeschichte« unter dem 14. 8. 61 folgendes aus:

*Betr.: Vernichtung Lidices am 10. 6. 1942*
*Auf Ihre Anfrage teilen wir folgendes mit:*
*An der Ausrottung des Dorfes und der Ermordung der Bevölkerung waren keine SS-Einheiten unmittelbar beteiligt. Vielmehr wurde die Abriegelung des Dorfes und die Gefangensetzung der Bevölkerung von Einheiten der Sicherheitspolizei unter Führung von Oberst Max Rostock vorgenommen. Die Exekutionen wurden von 30 Gendarmen der Prager Ordnungspolizei durchgeführt ... Es handelte sich demnach nicht um Verbände der Waffen-SS, sondern der Sipo, die dem SD unterstellt waren.*

Zweifellos handelte es sich um ein verabscheuungswürdiges Verbrechen. Daran ist nicht zu deuteln, zumal der Verdacht, daß die Einwohner von Lidice die Attentäter unterstützt und einen Agentensender betrieben hätten, nicht bestätigt werden konnte. Für die Beurteilung der Wehrmacht (einschließlich der Waffen-SS) ist aber wesentlich, daß deren Einheiten an der Untat nicht beteiligt waren. Das Verbrechen als solches wird dadurch freilich nicht entschuldigt.

*Oradour*
Ganz anders liegen die Ereignisse in dem französischen Ort Oradour, der auch immer wieder als ein typischer Fall von Wehrmachtexzessen angeführt wird. Im Zusammenhang mit einer Operation gegen französische Widerstandskämpfer fochten Teile der SS-Panzerdivision »Das Reich« im Juni 1944 auch in den Orten Tulle und Oradour. Beachtlich ist, daß die in Frankreich später wegen Kriegsverbrechen in diesen Orten Verurteilten – sowohl Elsässer als auch Reichsdeutsche – überraschend schnell aus den Gefängnissen entlassen worden sind. Der Oradour-Mythos wurde seitdem von offizieller französischer Seite deutlich gedämpft. Dabei spielten nämlich nicht nur die auf deutscher Seite durch die zunehmende Partisanentätigkeit ausgelösten Repressalien eine Rolle, sondern auch (bis heute andauernde) Auseinanderset-

zungen zwischen kommunistischen und nichtkommunistischen Widerstandskämpfern!
Eine besondere Bedeutung kommt bei diesen Ereignissen der Kirche von Oradour zu, in der eine Explosion stattfand und Frauen und Kinder, die sich in das Gotteshaus geflüchtet hatten, qualvoll verbrannten. Bis heute ist ungeklärt (und höchst strittig), wer die Kirche angezündet hat und wie es zu der großen Explosion gekommen ist.[7]
Ein Bundeswehroffizier, Oberstleutnant Eberhard Matthes, hat zu dem Komplex eine hochbedeutsame eidesstattliche Erklärung abgegeben, in der es unter anderem heißt:[8]
*»Neben zahlreichen sonstigen Besuchen privater und auch dienstlicher Art vor- und nachher befand ich mich November/Dezember 1963 als Offizier der Bundeswehr längere Zeit auf dem französischen Truppenübungsplatz La Courtine.*
*Weil mich als Kriegsteilnehmer und in späterer Eigenschaft als Kreisvorsitzender des Verbands der Heimkehrer alle Fragen interessierten, die im Zusammenhang mit Zwangsmaßnahmen, Geiselerschießungen u. ä. stehen, besuchte ich auch den Ort Oradour.*
*Sofort nach meiner Ankunft wurde mein Jeep von zahlreichen Kindern, aber auch meist älteren Erwachsenen umringt und freundlichst begrüßt.*
*Als mich ältere Einwohner in einer der Broschüren lesen sahen, äußerten sie, ich solle diese Berichte nicht so wörtlich nehmen. Es habe sich vieles etwas anders, als darin geschildert, abgespielt. Da wurde ich stutzig und sagte, es sei doch schlimm genug, wenn deutsche Soldaten auf Frauen und Kinder in der von ihnen angezündeten Kirche oder beim Versuch, sich aus dieser zu retten, geschossen hätten. Die Antwort lautete deutlich und unmißverständlich, die Kirche sei doch gar nicht von den Deutschen angezündet worden. Im Gegenteil hätten die deutschen SS-Männer – z.T. unter Einsatz ihres eigenen Lebens – mehrere Frauen und Kinder aus der brennenden Kirche gerettet. Zwei Frauen in der mich umringenden Gruppe bestätigten sogar, sie seien selbst damals gerettet worden von deutschen Soldaten, sonst stünden sie jetzt nicht hier...*
*Mein Interesse am Fall Oradour war nun verständlicherweise auf das Lebhafteste geweckt. Ich hatte Gelegenheit, mich mit französischen Offizieren zu unterhalten, mit denen wir ein außerordentlich offenes*

*und kameradschaftliches Verhältnis hatten ohne jeden Vorbehalt. Ein höherrangiger französischer Offizier äußerte sich zu meinen Fragen so: Ein wesentliches Motiv für das deutsche Eingreifen Juni 44 in Oradour sei die Tatsache gewesen, daß unmittelbar vor dem Ort von Angehörigen der anrückenden deutschen Truppen ein noch brennender oder ausgebrannter deutscher Sanka aufgefunden worden sei. Alle 6 Insassen müssen bei lebendigem Leibe verbrannt sein. Fahrer und Beifahrer seien ans Lenkrad gefesselt gewesen. Zweifellos eine Tat der Maquis. Dahinter steckte aber auch noch die gleichzeitig unter mysteriösen Umständen stattgefundene qualvolle Tötung eines in die Hände der Maquis gefallenen höheren deutschen Offiziers in derselben Gegend und etwa zur gleichen Zeit. Auch im umgekehrten Falle hätte eine französische Truppe daraufhin Zwangsmaßnahmen ergreifen müssen, ggf. auch Geiselerschießungen, so wie es die Bestimmungen des Kriegsvölkerrechts 1939–45 auch zugelassen hätten. Aus diesen Gründen gebe es viele französische Soldaten bzw. Offiziere, die dienstlich Oradour nicht besuchen. Seines Wissens fänden – sicher aus gleichen Gründen – auch keine offiziellen militärischen Feiern in Oradour statt.«*

Es soll durchaus nicht ausgeschlossen werden, daß in den blutigen Kämpfen in und um Oradour Grausamkeiten vorgekommen sind. Der Partisanenkrieg war und ist in seiner Grundtendenz ein brutaler, völkerrechtswidriger Krieg, der mit den Maßstäben der Haager Landkriegsordnung und den Genfer Konventionen nicht gemessen werden kann. Worauf es auch im Fall Oradour ankommt, ist zu erkennen, daß es sich keinesfalls um ein einseitiges verbrecherisches Handeln deutscher Soldaten handelte. Wenn noch nicht einmal eindeutig geklärt werden kann, wer die Kirche angesteckt und die Explosion herbeigeführt hat (vieles spricht dafür, daß in der Kirche ein Munitionslager der Partisanen war!), dann kann man doch nicht das ganze traurige Geschehen als *das* Kriegsverbrechen der Deutschen in die Geschichtsbücher eingehen lassen. Nichts anderes tun aber unsere Vergangenheitsbewältiger mit aller Inbrunst.

*Marzabotto*

Ein ganz typischer Fall von Geschichtsklitterung, bestehend aus einem Geflecht von Halb- und Viertelwahrheiten, Verzerrungen und faustdicken Lügen ist der sogenannte Fall Marzabotto[9], ein angebliches deutsches Kriegsverbrechen, das in der Zeit vom 29. 9. bis 2. 10. 44 in dieser zwischen Bologna und Florenz gelegenen Kleinstadt geschehen sein soll. Plakathaft wird Marzabotto gern in eine Reihe mit Guernica, Lidice und Oradour gestellt, wobei man die sehr unterschiedlich gelagerten Fälle mehr oder weniger unkritisch als Beweise deutscher Barbarei und schlimmer Exzesse der sogenannten Nazi-Wehrmacht anführt.

Der Fall Marzabotto hat in einem vom 19. bis 30. 10. 51 vor einem italienischen Militärgericht stattgefundenen Prozeß gegen den SS-Offizier Walter Reder eine Rolle gespielt. Reder wurde ebenso wie Herbert Kappler jahrzehntelang als Kriegsverbrecher in Italien inhaftiert, ehe er schließlich in seine Heimat zurückkehren durfte, wo er bald darauf verstarb. Aber gerade wegen Marzabotto sprach ihn das Gericht am 31. 10. 51 frei![10] Dafür, daß ihm weder in Marzabotto noch anderswo Morde nachgewiesen werden konnten, sprach schon das Strafmaß. Denn im Jahre 1951 wäre ein überführter Mörder, wenn nicht gar Massenmörder, zweifellos zum Tode verurteilt worden. »Die Tatsache, daß das Gericht Reder von vornherein zu lebenslanger Haft und nicht zum Tode ... verurteilte, spricht dafür, daß sich das Gericht nicht von der Schuld Reders hatte überzeugen können.«[11] Da von Mord offensichtlich nicht die Rede sein konnte, begnügten sich die Richter mit einer Verurteilung als Kriegsverbrecher mit der merkwürdigen Begründung, »weil er Verluste an Menschenleben unter der italienischen Zivilbevölkerung und Schaden an italienischem Eigentum verursacht hatte.«[12]

Die Seltsamkeit dieser Begründung bzw. Formulierung braucht kaum näher untersucht zu werden. Wahrscheinlich stand das Gericht unter massivem moralischen Druck der Kommunisten, die damals die weitaus stärkste politische Kraft in Italien waren. Aber selbst in einer sich als seriös gebenden deutschen Zeitung wie der Frankfurter Allgemeinen Zeitung (FAZ) durfte noch 1992 eine Frau Ursula Wöll unter der Überschrift »Die Massaker von Marzabotto«[13] sich in Formulierungen ergehen wie »ermordete dasselbe SS-Bataillon 1830 Bewohner von Marzabotto« oder »Zerstörungswut an historischen Kunstschätzen«; sie schrieb von »unschuldigen Opfern des Massakers«, von »Greuelstätten« usw.

Was war wirklich geschehen? Italien war im Rahmen der sogenannten Achse Berlin-Rom und der politischen Freundschaft zwischen Adolf

67

Hitler und Benito Mussolini bis 1943 Kriegsverbündeter des Deutschen Reiches. Nach dem Verlust Nordafrikas und den Landungen der Alliierten auf Sizilien und später auf dem italienischen Festland brach Italien militärisch und politisch zusammen. Mussolini wurde entmachtet, abgesetzt und verhaftet, Italien kapitulierte unter Marschall Badoglio am 8. 9. 43.

Das bedeutete jedoch nicht etwa ein schlichtes Ausscheiden Italiens aus dem Krieg, sondern es begann danach ein Partisanenkrieg gegen die deutsche Wehrmacht, der in vieler Hinsicht den Scheußlichkeiten der völkerrechtswidrigen Kriegführung auf dem Balkan und in der Sowjetunion nicht nachstand. In den schluchtenreichen Apenninen fanden die Partisanen, überwiegend Kommunisten und ihnen Nahestehende, leicht Unterschlupf, es boten sich ihnen schwierig auffindbare Zufluchtsorte. Von da aus war es möglich, den deutschen Nachschub empfindlich zu stören, denn das rückwärtige Gebiet war nur dünn besetzt, die Orte im Hinterland konnten kaum ernsthaft verteidigt werden.

Die Partisanen kämpften teils auf eigene Faust, ohne auf irgendwelche Weisungen der Badoglio-Regierung zu warten, wurden andererseits aber von den Alliierten und der neuen italienischen Führung ermuntert, den Kampf gegen die Deutschen aufzunehmen. Im übrigen waren die Grenzen zwischen Partisanenverbänden und auf eigene Rechnung handelnden Räuberbanden durchaus fließend, so daß man in manchen Gebieten zeitweise fast von einem Kampf aller gegen alle sprechen konnte.

In einem im Juni 1944 verfaßten Aufruf des Marschalls Badoglio, der von dem britischen Feldmarschall Alexander gegengezeichnet war, hieß es ganz unverblümt: »Greift die Kommandostellen und die kleinen militärischen Zentren an. Tötet die Deutschen von hinten, damit ihr euch der Gegenwehr entziehen und wieder andere töten könnt.« Dies war ein eindeutiger, offizieller Aufruf zum illegalen Kampf, und Italiener und Westalliierte wußten sehr wohl, daß hier gegen die Regeln des internationalen Kriegsrechts verstoßen wurde[14]. Offensichtlich galt hier (und gilt in der Rückschau): Der Zweck heiligt die Mittel – ein Grundsatz, den man der deutschen Wehrmacht nie und nimmer zubilligen würde.

Das Auftreten und die Kampfesweise der Partisanen entsprachen in jeder Beziehung den Ereignissen auf Kreta, in Griechenland und in

Jugoslawien. Vom Tragen von erkennbaren Abzeichen an der Kleidung, geschweige denn von Uniformen und von einem »offenen« Kampf konnte nirgends die Rede sein. Je näher die deutsche Niederlage rückte, desto größer war das Ausmaß der Bandentätigkeit. Nachweislich wurden insgesamt Tausende von Wehrmachtangehörigen (beispielsweise Wachposten, Meldegänger, Kuriere, in kleinen Gruppen sich bewegende Soldaten im Hinterland) hinterrücks erstochen oder aus Hinterhalten erschossen.

Spektakulär war das Erschießen des Kommandeurs der 20. Luftwaffen-Felddivision im August 1944 am hellichten Tage in seinem Kraftwagen und etwa zur gleichen Zeit die Ermordung eines Sanitätsoffiziers der Waffen-SS sowie der Überfall auf 20 Soldaten der Waffen-SS bei dem kleinen Ort Bardine, bei dem 17 Männer den Tod fanden. Bei diesen und anderen Angriffen wurden wiederholt Angehörige der italienischen Zivilbevölkerung – alte Männer, Frauen, Kinder – getötet oder verletzt. Die feindliche Propaganda rechnete alle diese Opfer pauschal der deutschen Wehrmacht zu.

Gegen die Partisanen kämpften vielerorts italienische Faschisten, vor allem, nachdem der von den Deutschen befreite Mussolini in Norditalien eine faschistische Republik, im Sinne einer Gegenregierung zu Badoglio, ausgerufen hatte. Die chaotischen Zustände breiteten sich seitdem noch mehr aus. In der äußerst unübersichtlichen Lage verstärkten im Spätsommer 1944 kommunistische Verbände ihre Tätigkeit im Rücken der deutschen Front, die allmählich nach Norden zurückwich. Hierbei tat sich eine große Partisanengruppe hervor, die sich Brigata Stella Rossa nannte und von einem desertierten Unteroffizier geführt wurde[15].

Um gegen die Bedrohung der deutschen Nachschublinien und der Rückzugsstraßen anzugehen, bildete die in diesem Raum operierende 16. SS-Panzergrenadierdivision eine hauptsächlich aus der Panzeraufklärungsabteilung bestehende Kampfgruppe, die von Walter Reder geführt wurde. Sie hatte den Auftrag, das hinter der deutschen Front liegende Gebiet von Partisanen zu säubern. Es kam zu harten Kämpfen, besonders um den Monte Sole und den Monte Salvaro, bei denen die Partisanen schwere Verluste erlitten, jedoch lag das Kampfgebiet außerhalb von Marzabotto, und weder Walter Reder noch seine Truppe haben jemals den Ort betreten. Die Kampfgruppe Reder, zu der auch einige Heeres- und Flakeinheiten zählten, wurde nach der Zerschlagung der Partisanengruppe sofort wieder der Abwehrfront gegen die vordringenden Amerikaner zugeführt. Übrigens hat Reder selbst den Kampf gegen die Partisanen nur beobachten und per Funk leiten können, da er zu diesem Zeitpunkt eine Knieverletzung hatte und nur bedingt gehfähig war.

Die Behauptung, in Marzabotto habe ein Blutbad stattgefunden oder die Stadt sei von deutschen Truppen niedergebrannt worden, ist haltlos. Während der Kämpfe gegen die Brigata Stella Rossa herrschte in Marzabotto völlige Ruhe, und erst später kam es während regulärer Kämpfe zwischen deutschen und amerikanischen Truppen zu schwerem Artilleriebeschuß und einem US-Bombenangriff. Die von der Feindpropaganda genannten Verlustzahlen stellen die Summe dar der in der fraglichen Zeit bürgerlich Verstorbenen, der während der amerikanischen Artillerie- und Luftangriffe Getöteten und der gefallenen wehrfähigen Männer, die zu den Partisanen gegangen waren.

Die Ortsnamen Guernica, Lidice, Oradour und Marzabotto sind den meisten Soldaten der Wehrmacht erst nach 1945 bekannt geworden. Im Rahmen der sogenannten Re-education hat man sie zu negativen Symbolen hochstilisiert, sie werden bis heute als »typische Nazi-Wehrmacht-Verbrechen« gehandelt, obwohl die Umstände in allen vier Fällen – wie kurz dargestellt – völlig verschieden waren, nämlich einmal Bombenfehlwürfe vorlagen, einmal weder Wehrmacht noch Waffen-SS an den Tötungen und Verschleppungen beteiligt waren, einmal harte, zum Teil grausame Kämpfe stattfanden, aber wichtige Einzelheiten bis heute ungeklärt sind und beim letzten Fall das behauptete Gemetzel an der Zivilbevölkerung gar nicht stattgefunden hat. In keinem der vier Fälle liegt ein nachweisbares deutsches Kriegsverbrechen vor, das man der Wehrmacht rechtlich oder moralisch anlasten könnte. Man tut das aber trotzdem bis heute und nennt das dann Vergangenheitsbewältigung. In Wirklichkeit: Volksverdummung und Jugendverhetzung!

Anmerkungen:

[1] Man denke an die Goebbels-Inszenierung »Wollt ihr den totalen Krieg?« im Februar 1943 im Berliner Sportpalast.
[2] Zit. nach Arthur Ponsonby, Lügen in Kriegszeiten, dtsch. Berlin 1930, S. 88f.
[3] Adolf Galland, Die Ersten und die Letzten, 5. Aufl., Darmstadt 1953.
[4] a.a.O., S. 43.
[5] Jesus Salas Larrazabal, Guernica, El Bombardeo (1981); lag in privater dtsch. Übers. vor. – Einzelheiten und weitere Lit.-Hinw. bei Schreiber, Täter, S. 51ff.
[6] Hier spielte der von Paris aus operierende berüchtigte Kommunist und Agitprop-Mann Willi Münzenberg eine führende Rolle.
[7] Dazu auch Kosiek S. 47f.
[8] Ablichtung der Eidesstattlichen Erklärung liegt dem RDS vor.
[9] Dieser Ort ist zu einer Art von Wallfahrtsort ausgestaltet und entsprechend fremdenverkehrsmäßig vermarktet worden.
[10] Vgl. Wolfgang Kunz, Der Fall Marzabotto, Würzburg 1967.
[11] Wie Anm. 10.
[12] Wie Anm. 10.
[13] FAZ vom 28. 11. 92 (Beilage), dazu Leserbriefe in FAZ vom 23. 12. 92. Vgl. auch Harald Laabs in »Soldat im Volk« 10/1993, S. 148.

# 6.
# Das Dritte Reich und die Wehrmacht in der Beurteilung der ehemaligen Gegner

Nicht nur im Rahmen der sogenannten Re-education der Westalliierten und der noch viel rigoroser agierenden und agitierenden sowjetischen Besatzungsmacht, sondern leider auch in der deutschen Nachkriegspublizistik wurde die frühere Wehrmacht überwiegend als *das* oder zumindest eines der Machtinstrumente des Dritten Reiches angesehen, man sprach von der Nazi-Wehrmacht und noch vor kurzer Zeit erlaubte sich eine Wochenzeitung[1] in einer historischen Rückschau die boshaft-ironische Überschrift »Hitlers ehrenhafte Komplizen« und meinte damit die Generalität der Wehrmacht.

Diese rein negative Schau deckte sich weitgehend mit der Betrachtung des Dritten Reiches, das ausschließlich als ein Unrechtsstaat vom 30. Januar 1933 bis zum 8. Mai 1945 dargestellt wurde, ohne die geringsten positiven Akzente. Das deutsche Volk als eine amorphe Masse von Hitlergläubigen; Unterscheidungen höchstens zwischen Verbrecherischen, aus Karrieregründen Mitspielenden, aus Feigheit Mitmachenden, Gewissenlosen und ganz Dummen. Der Abbau der Arbeitslosigkeit diente lediglich der Täuschung des deutschen Volkes, die früher Arbeitslosen wurden zudem für die Kriegsvorbereitung in der Rüstungsindustrie mißbraucht, die Reichsautobahnen zielten ausschließlich auf die Aufmarschvorbereitungen der Wehrmacht, die KdF-Schiffe waren als Truppentransporter und Lazarettschiffe geplant, die Olympiade und alle sozialen Errungenschaften sollten nur das Volk und das Ausland einlullen und ablenken.

Selbst wenn in jeder dieser Behauptungen ein winziges Körnchen Wahrheit steckte, wäre diese Schau wahrhaft primitiv, einseitig und damit volksverdummend. Bedeutende ausländische Persönlichkeiten haben das auch durchaus anders gesehen. Am 17. September 1936 veröffentlichte die bekannte englische Zeitung »Daily Express« ein Interview mit dem früheren britischen Premierminister David Lloyd George, der Adolf Hitler im September 1936 auf dem Obersalzberg besucht hatte. Es hieß dort unter anderem:

»Ich habe jetzt den berühmten deutschen Führer gesehen und auch etliches von dem großen Wechsel, den er herbeigeführt hat. Was immer man von seinen Methoden halten mag – es sind bestimmt nicht die eines parlamentarischen Landes –, es besteht kein Zweifel, daß er einen wunderbaren Wandel im Denken des Volkes herbeigeführt hat...
...Zum ersten Mal nach dem Krieg herrscht ein allgemeines Gefühl der Sicherheit. Die Menschen sind fröhlicher. Über das ganze Land verbreitet sich die Stimmung allgemeiner Freude. Es ist ein glückliches Deutschland. Überall habe ich das gesehen, und Engländer, die ich während meiner Reise traf und die Deutschland gut kannten, waren von dem Wandel tief beeindruckt...
...Dieses Wunder hat ein Mann vollbracht. Er ist der geborene Menschenführer. Eine magnetische, dynamische Persönlichkeit mit einer ehrlichen Absicht, einem entschlossenen Willen und einem unerschrockenen Herzen.
Er ist nicht nur dem Namen nach, sondern tatsächlich der nationale Führer. Er hat sie gegen potentielle Feinde, von denen sie umgeben waren, gesichert. Auch schützt er sie gegen die ständige Gefahr des Hungertodes, eine der schmerzhaften Erinnerungen aus den letzten Kriegs- und den ersten Friedensjahren...
Die Tatsache, daß Hitler sein Land von der Furcht einer Wiederholung jener Zeit der Verzweiflung, der Armut und Demütigung erlöst hat, hat ihm im heutigen Deutschland unumstrittene Autorität verschafft.
An seiner Popularität, vor allem unter der deutschen Jugend, besteht keinerlei Zweifel. Die Alten vertrauen ihm; die Jungen vergöttern ihn. Es ist nicht die Bewunderung, die einem Volksführer gezollt wird. Es ist die Verehrung eines Nationalhelden, der sein Land aus völliger Hoffnungslosigkeit und Erniedrigung gerettet hat...
Er ist gegen Kritik immun wie ein König in einem monarchistischen Staat. Er ist noch mehr. Er ist der George Washington Deutschlands, der Mann, der seinem Land die Unabhängigkeit von allen Bedrückern gewann.«
Wenn ein welterfahrener, zeitweise in höchster politischer Verantwortung stehender Ausländer das damals so sah, wie kann man dann der Mehrheit der Deutschen vorwerfen, daß sie ihren »Führer« ebenso wertete?

Besonders aus Großbritannien liegen aus den dreißiger Jahren viele ähnliche Äußerungen vor[2]. Als Hitler dem soeben zitierten Lloyd George ein Photo von sich überreichte, sagte dieser: »Ich fühle mich geehrt, dieses Geschenk von dem größten lebenden Deutschen erhalten zu haben. Ich werde es neben meine Bilder von Marschall Foch und Präsident Wilson stellen.« Es wird wohl keiner auf die Idee kommen, den 1945 verstorbenen Lloyd George, Führer der britischen Liberalen und von 1916 bis 1922 britischer Premierminister, als Nazi zu bezeichnen.

In der englischen Presse wurde damals mehrfach von Adolf Hitler und dem Deutschen Reich als Wächter Westeuropas gegen den Bolschewismus gesprochen, der britische Außenminister sagte 1935 zu einem amerikanischen Diplomaten, Hitler sei eine große Gestalt, die Deutschland moralisch rehabilitiert habe. Ähnliche positive Äußerungen liegen von Lord Mottistone und sogar von dem bekannten Minister Antony Eden vor, der über Hitler schrieb: »Ich finde es hart zu glauben, daß der Mann Krieg will.«[3]

Der Schweizer Wissenschaftler und Politiker Carl Jakob Burckhardt[4] schrieb 1936 an Hitler: »...haben es mir möglich gemacht, in einer kurzen Woche quer durch Deutschland die wahrhaft faustische Leistung der Reichsautobahnen und des Arbeitsdienstes kennen zu lernen. Was mir einen besonderen und bleibenden Eindruck hinterließ, ist der freudige Geist der Zusammenarbeit, der sich überall kundtat. Diese aufbauenden Leistungen, die großzügig angelegte soziale Fürsorge, bildeten für mich eine notwendige Ergänzung der Eindrücke, die ich bei meiner anderen Reise nach Deutschland, im Auftrage des Komitees vom Internationalen Roten Kreuz, im Oktober des letzten Jahres gewann.«

Und selbst Winston Churchill äußerte sich 1938 weitgehend positiv über Hitler, den er einen Mann »von enormen Dimensionen« nannte und ihm Sachkunde, angenehme Umfangsformen und eine »feine Anziehungskraft« bescheinigte. Letztlich sei auf den US-Präsidenten Herbert Hoover verwiesen, der 1938 in einer Zeitschrift schrieb, Hitler sei hochintelligent, habe ein zuverlässiges Gedächtnis, sei gründlich unterrichtet und fähig zu klarer Darstellung.

An anderer Stelle[5] habe ich einmal einen Kabarettisten erwähnt, der 1946 in Braunschweig in seiner Conférence hintergründig sagte: »Ich hätte Hitler vor zehn Jahren gern ermordet, aber ich kam nicht an ihn heran. Da standen zu viele ausländische Diplomaten mit Blumen in der Hand um ihn herum!« Das war in sarkastischer Form die exakte Darstellung der Situation in den dreißiger Jahren. Es war nämlich keineswegs so, daß die Welt über das Vorgehen Hitlers und seiner Partei zutiefst entsetzt war. Man bewunderte, ja beneidete Deutschland im Hinblick auf seinen einzigartigen Aufstieg binnen vier bis fünf Jahren und das tat man in den Jahren 1936 bis 1938, obwohl bereits 1935 die grundlegende Anti-Juden-Gesetzgebung (die »Nürnberger Gesetze«) in Deutschland über die Bühne gegangen war und es bereits Judenpogrome gegeben hatte.

Was die Stimmung im deutschen Volk, aber auch in weiten Teilen der Welt in diesen Jahren anbelangt, so kann man als Zeitzeuge und als um Objektivität bemühter Zeitgeschichtler nur Joachim Fest zustimmen, der in seiner bereits zitierten Hitler-Biographie meint, wenn Hitler Ende 1938 einem Attentat zum Opfer gefallen wäre, würden nur wenige zögern, ihn für einen der größten Staatsmänner der Deutschen, vielleicht den Vollender ihrer Geschichte, zu halten.[6]

In ähnlich positiver Weise haben sich ausländische Politiker und Generale über die heute so oft geschmähte Deutsche Wehrmacht geäußert, Erklärungen und Bewertungen, die man im Rahmen von Re-education und moderner »Volkspädagogik« durchgehend verschweigt[7]. Der nicht nur als General, sondern später auch als Politiker (Marshall-Plan) hervorragende George C. Marshall äußerte sich über die Soldaten der Wehrmacht: »Die Deutschen sind natürliche Kämpfer, das müssen wir zugeben, sie waren geborene Soldaten. Und sie waren hervorragend ausgebildet, sehr geschickt ausgebildet, vor allem, was das Unteroffizierkorps betraf. Und die Basis ihrer Disziplin war unerschütterlich.«

Der Luftwaffengeneral H. H. Arnold bezeichnete die deutsche Wehrmacht als eine der bestorganisierten und bestdisziplinierten Armeen der Welt, und General Ridgway meinte, die Amerikaner hätten den deutschen Soldaten in der Schlacht kennengelernt, und wenn sie auch die Ideologie abgelehnt hätten, die ihn beseelte, so hätten sie ihn doch als Kämpfer respektiert.

Feldmarschall Lord Alexander sprach vom starken Sinn der deutschen Soldaten für Pflicht und Disziplin und lobte ihre Tapferkeit und Zähigkeit. Es gibt viele weitere Belege für diese Bewertung des Kriegsgegners. Leider hat Schwinge recht, wenn er in diesem Zusammenhang schreibt: »Da die Leistungen unserer Soldaten im deutschen Schrifttum nur selten erwähnt werden und so gut wie niemals angemessene Würdigung finden, muß man das Schrifttum der Gegenseite zu Rate ziehen, wenn man erfahren will, wie sie einzuschätzen sind.«[8]

Übrigens sind die positiven Beurteilungen der Deutschen keineswegs auf die Westalliierten beschränkt. Der russische General Schukow schreibt in seinen »Erinnerungen und Gedanken«:[9] »Die Kampftüchtigkeit der deutschen Soldaten und Offiziere, ihre fachliche Ausbildung und Gefechtserziehung erreichten in allen Waffengattungen, besonders in der Panzertruppe und bei der Luftwaffe, ein hohes Niveau. Der deutsche Soldat kannte seine Pflicht im Gefecht und im Felddienst und war ausdauernd, selbstsicher und diszipliniert ... was die höheren Stäbe der deutschen Wehrmacht in der ersten Phase des Krieges angeht, so hatte ich eine recht hohe Meinung von ihnen.«

Fast noch wichtiger aber ist folgende Äußerung des jugoslawischen Partisanenführers Milovan Djilas, der im Krieg lange Zeit in Titos Stab tätig war, sich aber nach dem Krieg von ihm losgesagt hat: »Was mich persönlich im Laufe all dieser Gespräche[10] am meisten überraschte, war die Tatsache, daß in der deutschen Wehrmacht weder die nazistische noch die nationalistische Mentalität wirklich zum Vorschein kam. Die deutsche Armee ähnelte nicht im geringsten einer automatisierten, gedankenlosen menschlichen Maschine. Mir schien das Verhältnis zwischen Soldaten und Vorgesetzten sogar herzlicher zu sein als in anderen Armeen... Ihr Kampfwille und ihre Homogenität entsprangen lebendigem Nationalismus und erst in zweiter Linie dem Nationalsozialismus. Sie waren Menschen wie andere auch, unglücklich darüber, daß sie von den Ereignissen in den Krieg gerissen wurden, doch zum Siege entschlossen.«

Wer nun aber meint, zwar den vordersten deutschen Fronttruppen militärische Qualitäten konzedieren zu können, dafür aber die rückwärtigen Dienste und nach Ende der Kämpfe die Besatzungstruppen belasten zu dürfen, der mag an die inzwischen berühmte Aussage des britischen Militärschriftstellers Liddell Hart erinnert werden: »Reiste man nach dem Kriege durch die befreiten Länder, so hörte man allenthalben das Lob der deutschen Soldaten – und nur zu oft wenig freundliche Betrachtungen über das Verhalten der Befreiertruppen. Es hatte sogar den Anschein, daß der durch die Besatzung bewirkte enge und lange Kontakt eher ein besseres Verständnis zwischen den einfachen Leuten beider Seiten gebracht hatte als die Vertiefung von überkommenem Vorurteil und Haß.«

Es soll abschließend auch nicht unerwähnt bleiben, daß es im Kriege und danach nicht wenige Eheschließungen deutscher Soldaten mit Holländerinnen, Belgierinnen, Französinnen und Mädchen anderer Völker gegeben hat. Auch das spricht nicht gerade dafür, daß die Angehörigen der deutschen Besatzungstruppen als blindwütige, Naziterror ausübende Finsterlinge empfunden wurden.

Ich habe im Jahre 1960, also gerade 15 Jahre nach Kriegsende, bei einem Besuch in der Normandie keinerlei Deutschfeindlichkeit erlebt, stattdessen aber Franzosen, u. a. einen netten Taxifahrer, angetroffen, die sich nicht nur bemühten, deutsch zu sprechen, sondern auch von der Zeit ihrer Kriegsgefangenschaft in Deutschland nicht unfreundlich berichteten. Ich habe von vielen ähnlichen Erfahrungen deutscher Reisender gehört, was auch nicht gerade zum Bild des bösen »Nazi-Soldaten« während der Kriegszeit paßt.

Anmerkungen:
[1] Die Zeit, vom 29. 1. 93, Gespräch mit Dr. Manfred Messerschmidt.
[2] Die nachfolgenden Zitate nach Schwinge, Bilanz, S. 13 ff.
[3] Zu erinnern ist auch an Chamberlains sog. Beschwichtigungspolitik gegenüber Hitler.
[4] 1937 Hoher Kommissar des Völkerbundes in Danzig.
[5] Schreiber, Täter, S. 17.
[6] Fest S. 25. Vgl. auch oben Kap. 1 S. 24 f.
[7] Die folgenden Zitate nach Schwinge, Bilanz, S. 46 ff. Dort etliche weitere interessante Zitate von alliierter Seite. Vgl. auch Franzen S. 51.
[8] Schwinge, Bilanz, S. 47.
[9] Stuttgart 1969. Zitat nach Hans Roschmann, Erinnerungen eines kämpferischen Schwaben, Überlingen o. J. Anl. 8, S. 3.
[10] Gemeint sind Gespräche mit gefangenen deutschen Offizieren. Vgl. Roschmann wie Anm. 9, Anl. 8, S. 4.

# 7.
# Deutsche Militärgerichtsbarkeit

Als ich 1955 ein knappes Jahr lang als Staatsanwalt in Köln tätig war, erzählte mir einmal ein älterer Kollege von einem Strafprozeß während der Kriegszeit, bei dem es um irgendein politisches Delikt ging, der Staatsanwalt aber wegen Mangels an Beweisen Freispruch beantragte. Das Gericht sei nach kurzer Beratung herausgekommen und habe die Todesstrafe verhängt. Solche (krassen) Fälle gab es sicher nur selten, aber es gab sie. Auch wenn es in Deutschland heute keine Todesstrafe mehr gibt, spricht man doch an manchen Gerichten, wenn mehrere Strafkammern gebildet sind, noch immer – halb scherzhaft, halb ernsthaft – von einer Kammer der Blutrichter und einer Kammer der barmherzigen Brüder. Und es ist mehr oder weniger Zufall, vor welcher Kammer ein Angeklagter erscheinen muß.

Da Richter weder Rechtsautomaten sind noch sein sollen, wird es, wenn man von den genannten scherzhaften Überspitzungen Abstand nehmen will, stets besonders strenge, immer aber auch sehr milde und letztlich im Strafmaß einer mittleren Linie zuneigende Richterpersönlichkeiten geben. Selbstverständlich galt dies auch für die deutschen Militärgerichte, die in Deutschland im Gegensatz zu manchen ausländischen Regelungen stets mit einem Volljuristen[1] als Vorsitzendem besetzt waren. Als Beisitzer fungierten Soldaten, und zwar jeweils ein Stabsoffizier und ein Soldat aus der Rangklasse (Dienstgradgruppe) des Angeklagten.

Dabei ist hervorzuheben, daß die Richter, sowohl der Vorsitzende als auch die militärischen Beisitzer, volle richterliche Unabhängigkeit besaßen. Sie waren nicht weisungsgebunden, das heißt, der sogenannte Gerichtsherr – zum Beispiel der zuständige Divisionskommandeur, zu dessen Befehlsbereich das Gericht gehörte – durften weder bezüglich des Schuldspruchs noch zur Strafzumessung Weisungen erteilen.[2] Dies ist grundsätzlich auch nicht geschehen, wenn auch gelegentlich das Gegenteil behauptet wird.

»Gegen die Behauptung, die Wehrmachtjustiz sei nicht unabhängig und deshalb sklavisch bloßes ›Vollzugsorgan der Staatsgewalt‹ gewesen, lassen sich zahlreiche Vorgänge aus der kriegsgerichtlichen Praxis ins Feld führen. Es sei an dieser Stelle nur auf folgendes hingewiesen: In vielen Fällen sind Fahnenfluchturteile, die auf Freiheitsstrafe lauteten, von den bestätigungsberechtigten Befehlshabern aufgehoben worden, weil nicht auf Todesstrafe erkannt worden war. Dabei ist es immer wieder vorgekommen, daß das neu mit der Sache befaßte Gericht wiederum eine Freiheitsstrafe verhängt hat. In den meisten Fällen wurde dieses zweite Urteil dann von den Befehlshabern akzeptiert, in anderen Fällen aber nicht bestätigt, mit der Folge, daß eine dritte Hauptverhandlung anberaumt werden mußte. Den renitenten Richtern geschah in keinem dieser Fälle etwas, eine Folge der Unabhängigkeit, die ihnen gesetzlich zustand. Sie wurde von den Machthabern respektiert.«[3]

Ein konkretes Beispiel wird von Carl Hermann Ule, im Kriege Marinerichter und seit 1955 Professor an der Hochschule für Verwaltungswissenschaften in Speyer, berichtet: »Zu der Legende, daß die Wehrmachtgerichte allzu willfährig auf die Wünsche oder den Druck der Oberkommandos in Berlin eingegangen sind, möchte ich einen Fall erwähnen, den ich selbst erlebt habe. Ein Marinekriegsgericht hatte einen Marinesoldaten, der wegen Fahnenflucht angeklagt worden war, wegen unerlaubter Entfernung verurteilt. Das Oberkommando der Kriegsmarine hatte dieses Urteil nicht bestätigt, sondern aufgehoben und die Sache zur Verhandlung und Entscheidung an ein anders besetztes Gericht desselben Gerichtsherrn verwiesen. Auch dieses Gericht erkannte lediglich auf unerlaubte Entfernung. Das Urteil wurde wieder nicht bestätigt und eine dritte Verhandlung, diesmal vor einem Gericht eines anderen Gerichtsherrn (§ 90 KStVO), angeordnet. So kam die Sache von dem Gericht des Admirals der norwegischen Westküste in Bergen zu dem Gericht des Admirals der norwegischen Nordküste in Drontheim. Als auch dieses zu demselben Ergebnis (unerlaubte Entfernung) gelangte, gab das Oberkommando seinen Widerstand auf.«[4]

Solche Fälle waren durchaus nicht so selten, wie es diejenigen wahr haben wollen, die in den militärischen Gerichten blindwütige Stützen des NS-Regimes sehen wollen. Im übrigen war durch die militärischen Beisitzer ein Regulativ eingebaut, wenn einmal der Vorsitzende Richter zu scharf urteilen wollte, denn die Beisitzer hatten, wie es bei einem Schöffengericht auch der Fall ist, das gleiche Stimmrecht wie der Vorsitzende. Es sind Fälle bekannt, in denen der Vorsitzende eine harte

Strafe anstrebte, die Beisitzer aber für Milde oder für Freispruch gestimmt haben[5].

Vor allem muß man bei der Kritik an der deutschen Wehrmachtgerichtsbarkeit »zu berücksichtigen haben, daß ihr die Urteile der Standgerichte ... nicht angelastet werden können, da diese Ausnahmegerichte gar nichts mit ihr zu tun hatten, auch organisatorisch nicht.«[6] Im Chaos der letzten Kriegswochen haben Standgerichte, beispielsweise das SS-Standgericht, die zivilen Standgerichte und das Fliegende Standgericht des Führers, gewiß schlimme Entscheidungen getroffen. Ich erinnere mich, daß wir, Anfang Mai 1945 bei Schwerin in amerikanische Gefangenschaft gekommen, im Lager von einem Fall unterrichtet wurden, in dem eine Frau kurz vor der Kapitulation öffentlich gesagt hatte: »Gottseidank werden die Amerikaner in ein paar Tagen hier sein!« (Oder so ähnlich.) Sie wurde von einem Standgericht zum Tode verurteilt und sofort aufgehängt. Das aber hatte eben mit der Militärgerichtsbarkeit überhaupt nichts zu tun.

Nach der Kapitulation am 8. Mai 1945 blieb die deutsche Wehrmachtgerichtsbarkeit auf Jahre hinaus von pauschalen Angriffen und Verleumdungen verschont. Das änderte sich im wesentlichen erst in den letzten ein bis anderhalb Jahrzehnten. »Ideologisch indoktrinierte Pseudowissenschaftler, Hobbyforscher und Enthüllungsjournalisten bemächtigten sich des Themas und sorgten damit in Zeitungen, Zeitschriften und Magazinen für Unterhaltungsstoff. Erscheint eine Veröffentlichung, der der Verfasser einen wissenschaftlichen Anstrich zu geben versteht, dann erliegen mitunter selbst gebildete und zeitgeschichtlich bewanderte Leser der Gefahr, selbstsicher vorgetragene und mit anscheinend schlüssigen Beweisen ausgestattete Behauptungen für bare Münze zu nehmen und ihnen Glauben zu schenken. Nicht zuletzt deshalb ist Aufklärung dringend vonnöten.«[7]

Zunächst sei darauf hingewiesen, daß die westlichen Besatzungsmächte auch nach Einstellung der Feindseligkeiten dafür gesorgt haben, daß deutsche Wehrmachtgerichte ihre Tätigkeit fortführten. Das war beispielsweise so in Italien, in Norwegen und im nördlichen Teil der britischen Besatzungszone, vor allem aber im Bereich der Kriegsmarine[8]. Bei der deutschen Minensuchorganisation[9] war dies sogar bis zum Jahre 1948 der Fall[10]. Das wäre völlig undenkbar gewesen, wenn die Siegermächte, die bekanntlich *in puncto* Entnazifizierung und Entmilitarisierung von Anfang an sehr rigide handelten, der Meinung gewesen wären oder auch nur begründeten Verdacht gehabt hätten, die deutsche Militärjustiz sei eine Nazi- oder Blut- und Terrorjustiz gewesen. Wenn bei Verfahren gegen deutsche Kriegsgefangene nach 1945 vor französischen Militärgerichten festgestellt wurde, daß Erschießungen von Franzosen aufgrund eines deutschen Kriegsgerichtsurteils erfolgt waren, dann war »die Sache für das französische Gericht erledigt«[11], das heißt, die deutsche Rechtsprechung wurde insoweit als rechtmäßig respektiert. Anders ausgedrückt: bei derartigen Nachkriegsverfahren ging man französischerseits keineswegs davon aus, daß Wehrmachtgerichte so etwas wie Vollstrecker von Nazi-Unrecht oder blutigem Terror gewesen seien. Solche (Fehl-)Einschätzung blieb deutschen Historikern und deutschen Gerichten vorbehalten!

Es kann freilich nicht abgestritten werden, daß es (auch) in der Wehrmachtgerichtsbarkeit Fälle fachlich-juristischen und menschlichen Versagens gegeben hat. Solche Fehlleistungen sind genauso – es ist auf die Eingangsbemerkungen zu diesem Kapitel zu verweisen – in der ordentlichen Gerichtsbarkeit vorgekommen, vom Volksgerichtshof und diversen Sondergerichten einmal ganz abgesehen. Von kritikwürdigen Ausnahmefällen kann man aber nicht rundweg auf die militärische Gerichtsbarkeit schlechthin schließen, der rund 2000 aktive und Reserverichter angehört haben. Man muß auch berücksichtigen, daß die Wehrmachtrichter an das formelle Gesetz gebunden waren, auch insoweit, als es harte und härteste Strafen vorsah. Diese Bindung gilt in allen Staaten der Welt, wie es auch überall gang und gäbe ist, daß in Krisen-, Not- und Kriegszeiten schärfer geurteilt wird als im tiefsten Frieden.

Daß Wehrmachtrichter nicht nur bei Todesurteilen, sondern auch bei weniger schwerwiegenden Straftaten in Gewissenskonflikte kommen konnten, bewies mir im Kriege eine beiläufige Bemerkung meines Vaters (hoher Militärrichter der Luftwaffe und Rechtsberater eines Generalfeldmarschalls), der einmal bei einem Heimataufenthalt sagte: »Da sollen wir irgendeinen Zahlmeister, der sich im Ausland was illegal besorgt hat, hart bestrafen und wissen doch, daß der Reichsmarschall (Göring) für sich ganze Gemäldegalerien abtransportieren läßt.« Das sind Konflikte, die viele Justizjuristen (auch heute!) kennen, weil sie auf das bekannte Wort hinauslaufen: Die Kleinen hängt man und die Großen läßt man laufen.

*Summa summarum* braucht sich die Wehrmachtgerichtsbarkeit nicht hinter ausländischen militärischen Gerichten zu verstecken, weder was ihre juristische Qualität anbelangt noch bezüglich der menschlichen Voraussetzungen. Daß zwei der höchsten Wehrmachtjuristen im Zusammenhang mit dem 20. Juli 1944 ihr Leben lassen mußten[12], ist teils unbekannt, teils wird es bewußt verschwiegen, weil auch das nicht zu dem gewünschten Bild einer Blut- und Terrorjustiz[13] passen will[14].

Anmerkungen:

[1] Als Volljurist wird bezeichnet, wer nach dem Bestehen der Ersten juristischen Staatsprüfung (Referendarexamen) und der Großen Staatsprüfung (Assessorexamen) die Eignung zum Richteramt besitzt. § 16 der Militärstrafgerichtsordnung (MStGO) bestimmte: »Richterliche Militärjustizbeamte ... müssen zum Richteramt befähigt sein.«

[2] § 20 Abs. 1 MStGO: »Die richterlichen Militärjustizbeamten haben die Weisungen des Gerichtsherrn zu befolgen, soweit sie nicht als Richter in den erkennenden Gerichten mitwirken.« Und § 23 Abs. 2 MStGO: »Die erkennenden Gerichte sind unabhängig und nur dem Gesetz unterworfen.«

[3] Schwinge, Wehrmachtgerichtsbarkeit, S. 28.

[4] Beiträge zur Rechtswirklichkeit im Dritten Reich (1987) S. 179.

[5] Vgl. z.B. Luftwaffen-Revue 4/92 S. 77.

[6] Hans-Dieter Schwind, Kurze Geschichte der deutschen Kriegsgerichte, München 1966, S. 47.

[7] Schwinge, Verfälschung, S. 21.

[8] Wie Anm. 7, S. 24.

[9] German Minesweeping Administration.

[10] Wie Anm. 7, S. 25.

[11] Wie Anm. 7, S. 26. Dabei ist anzumerken, daß Schwinge in vielen Nachkriegsverfahren Verteidiger deutscher Kriegsgefangener vor alliierten Gerichten, besonders vor französischen, war und insofern aus eigener Anschauung berichtet.

[12] Generalstabsrichter Dr. Karl Sack (Heer) und Ministerialdirigent Dr. Rüdiger Schleicher (Luftwaffe).

[13] Zutreffend sagt Bösch S. 112: »Aber sowohl in der Zivil- als auch in der Militärjustiz ist es trotz intensiver Beeinflussungsversuche und Schulung nicht gelungen, beim Gros der Richter das Erbe traditioneller juristischer Schulung und Ausbildung völlig auszulöschen.« Nicht unbeachtlich auch Werner Jentsch, Christliche Stimmen zur Wehrdienstfrage, Kassel 1952, bei dem von Bemühungen hochgestellter Wehrmachtjuristen um Strafmilderung bzw. Gnade für Kriegsdienstverweigerer aus Gewissensgründen (Zeugen Jehovas) berichtet wird (a.a.O. S. 12f.).

[14] Zu der (weitgehend totgeschwiegenen) Literatur über die Wehrmachtjustiz vgl. u.a. die im Lit.-Verz. genannten Schriften von Erich Schwinge; Otto Peter Schweling, Die deutsche Militärjustiz in der Zeit des Nationalsozialismus, 2. Aufl., Marburg 1978; Hubert Schorn, Der Richter im Dritten Reich, Frankfurt/M. 1959; Franz Neubauer, Das öffentliche Fehlurteil – Der Fall Filbinger als ein Fall der Meinungsmacher, Regensburg 1990; Franz W. Seidler, Die Militärgerichtsbarkeit der Deutschen Wehrmacht 1939–1945, München-Berlin 1991; Bösch (s. Lit.-Verz.); J. Schreiber, Wehrmachtjustiz und Kriegsdienstverweigerung, in Wehrw. Rundschau 5/82 S. 145f.; ders., Wehrmachtjustiz, in NZWehr 3/88 S. 100ff.; ders., Militärgerichte als Unrechtsjustiz? in NZWehr 6/93 S. 236ff.

# 8.
# Luftkriegsterror

Es war 1941 oder 1942, als ich als Angehöriger der Hitlerjugend in Braunschweig zu einem Luftschutz-Kurzlehrgang geschickt wurde. Erstmalig sahen wir in Großaufnahmen halb und ganz zerstörte Häuser in deutschen Städten, schauten auf Fotos von brennenden Gebäuden, wurden mit Bildern und Erklärungen über die Bergung und den Transport von Verwundeten konfrontiert. Bis dahin hatte man fast nur von den Siegeszügen des deutschen Heeres, von den großen Erfolgen der Kriegsmarine und der Luftwaffe gehört, und wenn Bilder von Zerstörungen gezeigt worden waren, dann waren es Häuser, Eisenbahnanlagen und Kriegsmaterial in Feindesland. Trotz einer gewissen Überraschung (bei manchem vielleicht auch Erschrecken) konnten wir uns damals noch nicht vorstellen, daß feindliche Luftangriffe ganze Städte vernichten und Zehntausende von Zivilisten töten würden. So lernten wir brav (und mehr oder auch weniger überzeugt) den Umgang mit Wasserschlauch und Feuerpatsche sowie den Ausbau von Luftschutzkellern und -gräben. Alles ziemlich theoretisch, obwohl ich dann im Herbst 1943 als RAD-Mann beim Ausbau von Splittergräben am Niederrhein mitgewirkt habe.

Was moderner Luftkrieg wirklich war, begann die deutsche Bevölkerung ab 1942 zu spüren, als es den ersten größeren Flächenangriff mit Brandbomben gab (März 1942, Lübeck). Damals wurden von 234 eingesetzten britischen Flugzeugen rund 1500 Häuser in den Wohngebieten zerstört. Im Mai 1942 kam es zum ersten 1000-Bomber-Angriff (auf Köln), bei dem 474 Menschen getötet und über 40 000 obdachlos wurden. Danach steigerten sich die Luftangriffe. Im Juli/August 1943 flog die britische Luftwaffe die furchtbaren Angriffe auf Hamburg, bei denen 50- bis 60 000 Menschen ums Leben kamen. Der Feuersturm ließ große Teile der Innenstadt vollständig ausbrennen, die Schäden in den Wohnvierteln waren weitaus größer als in den Industrie- und Hafenanlagen.

Anläßlich des 50. Jahrestages der Vernichtung Hamburgs konnte man in einer von der Landeszentrale für politische Bildung der Freien und Hansestadt Hamburg herausgegebenen Druckschrift »Bombenkrieg

Hamburg 1943« aus der Feder von Dr. Helga Kutz-Bauer folgende Sätze lesen: »Wer ... der Zerstörung Hamburgs im August 1943 gedenken will, sollte den historischen Zusammenhang nicht aus den Augen verlieren. In diesem Falle hat die deutsche politisch-militärische Führung nicht nur den Krieg begonnen, sondern auch zuerst und erbarmungslos den Luftkrieg organisiert. Bombardierung war auf deutscher Seite unbestritten logische Konsequenz, und die Angriffe auf Warschau, Rotterdam, Manchester, Coventry und London ... haben auf Zivilisten und Wohngebiete keine Rücksicht genommen.«

Offenbar kennt Helga Kutz-Bauer weder die luftkriegsgeschichtliche Entwicklung seit 1914 noch das militärische Schrifttum in aller Welt nach 1918 noch die kriegsvölkerrechtliche Problematik des Artillerie- und Bombenangriffs auf verteidigte bzw. unverteidigte, auf kriegswichtige und nicht kriegswichtige Ziele. Das braucht man offenbar auch nicht zu wissen, wenn man nur eine »Landeszentrale« hinter sich weiß...

Schon im Ersten Weltkrieg hatte es Bombenangriffe weit hinter der Front gegeben. So griffen deutsche Luftschiffe mehrfach London mit Bomben an und »in den beiden letzten Jahren des ersten Weltkrieges erlebten die Städte und Dörfer am Rhein wiederholt, daß feindliche Flieger am Himmel erschienen, und auch der Abwurf von Bomben war nicht ungewöhnlich.«[1] Die zeitgenössischen Zeitungen berichteten damals unter anderem von Luftangriffen auf Wiesbaden, Aschaffenburg, Heidelberg und Karlsruhe. Am Pfingstsonntag 1918 gab es bei einem Luftangriff auf Köln 41 Tote und 47 Verletzte, in Bonn starben bei einem Angriff am 31. Oktober des gleichen Jahres 30 Menschen, es kamen 52 Verletzte hinzu. Dabei war Bonn alles andere als eine Industriestadt, und nur *eine* Bombe fiel auf Bahngleise, so daß schon damals davon gesprochen wurde, »die feindlichen Flieger hätten lediglich die friedliche Zivilbevölkerung treffen wollen. Der Anschein sprach tatsächlich für diese Beurteilung.«[2]

»Der Luftangriff auf Bonn hat ... die Reichsregierung veranlaßt, durch die schweizerische Regierung an die kriegführenden Mächte zu appellieren, Luftangriffe auf Städte hinter der Front zu unterlassen. Es sei ein Gebot der Menschlichkeit, die Zivilbevölkerung zu schonen und Kulturgüter zu sichern. Die deutschen Luftstreitkräfte hätten bereits seit Oktober den Befehl erhalten, derartige Angriffe nicht mehr zu fliegen.«[3] Wenn diese Angriffe (beiderseits) auch, was die abgeworfenen

Bomben und die Zahl der Opfer anbetrifft, nicht annähernd mit den Bombardements im Zweiten Weltkrieg zu vergleichen sind, so ist doch deutlich, daß solche Kriegshandlungen weder eine Erfindung der Deutschen noch der Machthaber im Dritten Reich waren. (Kutz-Bauer weiß das offenbar nicht.)

Bezüglich der Zeit zwischen den beiden Weltkriegen schrieb ein britischer Sachverständiger summarisch: »Die Engländer warfen Bomben auf schutzlose Dörfer im Irak. Die Italiener warfen Bomben auf schutzlose Dörfer in Abessinien. Die Deutschen warfen Bomben auf schutzlose Dörfer in Spanien. Die Japaner warfen Bomben auf schutzlose Städte in China.«[4] Das ist zwar sehr generalisierend ausgedrückt und beachtet manche wesentlichen Einzelheiten der Ereignisse nicht genügend, beweist aber doch, daß insoweit jeder einseitige Schuldvorwurf unberechtigt ist.

Wenige Wochen vor der Machtübernahme Hitlers in Deutschland, nämlich am 10. November 1932, hielt der Führer der Konservativen im britischen Unterhaus, Stanley Baldwin, eine Rede, in der er im Hinblick auf einen denkbaren künftigen Luftkrieg sagte, für Großbritannien gebe es zur Abwehr von Bombenangriffen nur die Chance sofortigen und entschiedenen Zurückschlagens, und dazu gehöre auch die Tötung von Frauen und Kindern. Er machte dabei auch deutlich, daß das Völkerrecht (»all conventions«) keine Schranke bedeuten würde.[5]

Die maßgeblichen Theoretiker eines strategischen Bombenkrieges gegen das feindliche Hinterland waren in der Zwischenkriegszeit keine Deutschen (Deutschland durfte nach dem Versailler Vertrag gar keine Luftstreitkräfte besitzen), sondern der italienische General Giulio Douhet, der französische Luftfahrtingenieur Camille Rougeron, der Amerikaner Billy Mitchell, der Engländer Lord Hugh Trenchard und andere hohe Offiziere und Ingenieure im westlichen Ausland. Als ab 1935 eine deutsche Luftwaffe aufgebaut wurde, besagte die maßgebliche Dienstvorschrift »Luftkriegführung« (L. Dv. 16) in Nr. 186:

> »Der Angriff auf Städte zum Zwecke des Terrors gegen die Bevölkerung ist grundsätzlich abzulehnen.
> Erfolgen aber trotzdem Terrorangriffe durch einen Gegner auf schutz- und wehrlose offene Städte, so können Vergeltungsangriffe das einzige Mittel sein, den Gegner von dieser brutalen Art der Luftkriegführung abzubringen.

85

Die Wahl des Zeitpunktes wird vor allem durch das Vorausgehen eines feindlichen Terrorangriffs bestimmt. Der Angriff muß in jedem Fall klar den Vergeltungscharakter zum Ausdruck bringen.«

In den Nrn. 187 bis 193 der Vorschrift waren Details der Durchführung solcher Angriffe geregelt. Der Abschnitt trug die Überschrift »Vergeltungsangriffe« und brachte dadurch – jedenfalls in der Luftkriegstheorie – den Ausnahmecharakter derartiger Unternehmungen zum Ausdruck. Andererseits besagte Nr. 12 der Vorschrift (und das lag und liegt im Wesen des Luftkrieges als solchem):

»Der Kampf der Luftwaffe trifft auch das feindliche Volk und Land an seinen empfindlichsten Stellen. Unbeabsichtigte Nebenwirkungen lassen sich bei den Angriffen nicht vermeiden.«

Der wahrscheinlich bedeutendste Theoretiker und Praktiker der deutschen Luftwaffe war Generalmajor Walther Wever, ihr erster Generalstabschef, der bei einem Flugzeugabsturz – er steuerte selbst die He 70 – 1936 ums Leben kam. Er hat nicht nur den Satz ausgesprochen: »Die entscheidende Waffe eines Luftkrieges ist der Bomber!«[6], sondern hat auch wichtige Gedanken für einen strategischen Luftkrieg entwickelt. Nach seinem Tod wurde die Entwicklung viermotoriger (strategischer) Bomber (Dornier Do 19, Junkers Ju 89) eingestellt, wobei die Gründe vielfältiger Natur waren[7], sicher nicht kriegsvölkerrechtlicher oder humanitärer Art. Aber weder Wever noch seine Nachfolger im Amt des Generalstabschefs der Luftwaffe haben den bewußten Massenterror gegen die feindliche Bevölkerung eingeplant oder propagiert.

Die deutschen Luftangriffe gegen Warschau und Rotterdam, die (unbestritten) viele Todesopfer unter der Zivilbevölkerung gefordert haben, waren Kriegshandlungen im Rahmen von Landkriegsoperationen, die nach dem internationalen Kriegsrecht zulässig waren[8]. Sie stellten keine Angriffe weit im Hinterland zur Terrorisierung der Zivilbevölkerung dar, sondern standen örtlich und sachlich in unmittelbarem Zusammenhang mit dem Kampf des Heeres. Selbst im Nürnberger Hauptkriegsverbrecherprozeß (1945/46) sind die Bombardements von Warschau und Rotterdam nicht zu einer Verurteilung herangezogen worden[9]. Das blieb und bleibt selbstanklägerischen *deutschen* Publizisten und Politikern vorbehalten.

Es ist ziemlich müßig, darüber zu streiten, wer im Zweiten Weltkrieg die ersten Flüge ins feindliche Hinterland unternommen hat. Die Royal

Air Force flog schon im September 1939 mit Bombern in den Raum von Wilhelmshaven und Helgoland, jedoch wurden die Angriffe von deutschen Jägern unter vernichtenden englischen Verlusten abgeschlagen. Umgekehrt flog die deutsche Luftwaffe Angriffe auf Großbritannien, unter anderem in den Bereich der Orkney- und der Shetland-Inseln. Von Terrorangriffen konnte beiderseits nicht die Rede sein, weder was die Zahl der eingesetzten Flugzeuge noch ihre Ziele anbetrifft. Viel ist über die Luftschlacht um England 1940/41 geschrieben worden. Manche Kriegshistoriker rechnen sie zu den großen Entscheidungsschlachten des Zweiten Weltkrieges. Sie begann kurz nach der Kapitulation Frankreichs und endete mit einem Bomber-Großangriff auf London am 10. Mai 1941. Daß dabei die deutsche Luftwaffe nicht nur sehr schmerzhafte Verluste an Flugzeugen und vor allem an erfahrenen Besatzungen erlitt, ist ebenso unbestritten wie die Tatsache, daß sie insgesamt bei diesem Kampfgeschehen den Kürzeren zog. Etwa gleichzeitig kam es immer wieder zu britischen Tag- und Nachtangriffen auf Deutschland. Es ist aber festzustellen – wenn man sich auch gegenseitig propagandistisch Vorwürfe wegen der Verluste der Zivilbevölkerung machte –, daß die Angriffe im wesentlichen auf kriegswichtige Objekte zielten. Der immer wieder erwähnte Angriff auf Coventry am 14./15. November 1940 richtete sich gegen ein Zentrum der britischen Luftrüstung. Bei dem Angriff wurden 21 Flugzeugwerke und andere Fabriken getroffen, die Zahl der Toten betrug 554; leider wurde auch die Kathedrale beschädigt, während in deren Nähe eine Kirche und das Rathaus unzerstört blieben,[10] ein Beweis dafür, daß es sich nicht um einen Flächenangriff auf die Stadt gehandelt hat. Im übrigen waren dem Angriff britische Luftangriffe unter anderem auf München, Hannover und Berlin vorausgegangen[11], von denen man heute in der deutschen Bewältigungsliteratur nicht spricht, um sich Coventry als Auslöser und Rechtfertigungsgrund für Hamburg und Dresden erhalten zu können.

J. M. Spaight, enger Mitarbeiter des britischen Luftfahrtministers und bekannter Völkerrechtler, meint: »Wir begannen damit, Ziele in den deutschen Kernlanden zu bombardieren, bevor die Deutschen anfingen, Ziele auf britischem Territorium mit Bomben zu belegen.«[12] Und noch deutlicher der als Militärschriftsteller weltweit anerkannte Liddell Hart: »Hitler hat während der Zeit, in der er überlegene Macht in der Luft besaß, bemerkenswert gezögert, sie voll gegen die feindlichen Städte zu entfesseln; er versuchte wiederholt, während er sich auf dem Gipfel seiner Macht befand, einen Waffenstillstand in der Bombardierung von Städten zu erreichen.«[13]

Der Übergang von mehr oder weniger gezielten Angriffen auf die Kriegsindustrie und militärisch bedeutsame Objekte zu Massenangriffen auf die deutsche Zivilbevölkerung, also zum planmäßigen Flächenbombardement, begann mit dem bereits erwähnten Großangriff auf Lübeck. Kein Geringerer als Winston Churchill – Träger des nach dem Kriege in Aachen verliehenen Karlspreises! – forderte die Bombardierung der großen Städte im Sinne des *area bombing* (auch *widespread bombing* genannt) mit dem erklärten Ziel, die Moral der deutschen Zivilbevölkerung zu brechen, die Arbeiterschaft zum Verlassen der Großstädte zu bringen und allgemeine Panik zu verbreiten. In den Luftmarschällen Arthur Tedder und vor allem Arthur Harris fand er entschiedene Befürworter dieser Strategie. 1942 versprach letzterer einen schnellen und vollständigen Sieg, wenn die *Royal Air Force* sich auf die deutschen Städte konzentrieren und ihre Kräfte nicht durch Einsätze in der Uboot-Abwehr oder in der Heeresunterstützung in Nordafrika zersplittern würde[14]. Vor allem forderte er einen Schluß der Debatte über die »günstigsten Ziele« in Deutschland, das heißt das Abgehen von zielgerichteten Bombardements *(selective attacks)* zum ungezielten Terrorangriff.

Was die Zahl der Toten bei den deutschen Angriffen auf Großbritannien angeht, so ist folgende Feststellung von McKee beachtenswert: »Die Menschenverluste in einem solchen typischen Nachtblitz betrugen meist an die 100 Tote, etwas weniger oder etwas mehr. Coventry mit 554 Toten ... lag über dem Durchschnitt.«[15]

Ein bekannter deutscher Völkerrechtslehrer, Professor Dr. Friedrich Berger, summiert den Luftkrieg in Europa wie folgt: »Von deutscher Seite gingen auf England 56 000 t Fliegerbomben nieder, auf deutsches, verbündetes und besetztes Gebiet auf dem Kontinent aber 955 044 t britischer und über 1 Million amerikanischer Bomben. Von der englischen Regierung wurden die Totalverluste der Zivilbevölkerung durch die deutschen Luftangriffe mit 60 585 angegeben... Die deutschen Verluste werden vom Statist. Bundesamt auf 635 000 Tote«[17] beziffert.

Nun wird das Verhältnis der Ziviltoten von 1 : 10 von einigen Zeitgeschichtlern – so Kutz-Bauer – zynisch mit der Redensart kommentiert: Wer Wind sät, wird Sturm ernten! Dieses Argument zieht aber allein deshalb schon nicht, weil – wie oben dargelegt – selbst nach britischer Betrachtungsweise nicht die deutsche Luftwaffe den Krieg gegen Wohnviertel begonnen hat. Das hat übrigens auch Hitler 1940 in einer Rede zur Eröffnung des Winterhilfswerkes (WHW) betont, jedoch in einer dümmlich bramarbasierenden Weise[18], die von den heute nachweisbaren Fakten weit entfernt war. Danach hat die deutsche Propaganda immer wieder mit Drohformeln wie »Städte ausradieren« und »coventrieren« gearbeitet, was von weiten Teilen der deutschen Öffentlichkeit nicht ganz ernstgenommen wurde. Selbst wir damals 14- bis 16jährigen machten unsere Witze darüber, denn es wurden gerüchtweise – vielleicht auch durch den gelegentlich verbotenerweise abgehörten britischen Rundfunk – Zweifel an der Durchschlagskraft der deutschen Bomberflotte laut.

Bezüglich der alliierten Terrorwelle gegen Deutschland schrieb 1966 ein kanadischer General[19], wenn den britischen und amerikanischen Luftstreitkräften die Aufgabe gestellt worden sei, die Moral des deutschen Volkes zu unterminieren, so höre sich dieses »Unterminieren« an »wie eine feine, vornehme, überzeugende Art der Kriegführung, bis einem klar wird, daß es gleichbedeutend ist mit unterschiedsloser Tötung von Zivilpersonen, Frauen und Kindern, Zerstörung ihrer Wohnungen, sowie Verbrennen und Ersticken von ihnen zu Zehntausenden.«

Sehr nüchtern hört sich folgende Aussage des bereits zitierten britischen Militärschriftstellers Liddell Hart an, der im Hinblick auf den Einmarsch der Westmächte nach Deutschland schreibt: »Als der britische Vormarsch ins Rollen kam, wurde er am empfindlichsten durch Schutt und Zerstörungen behindert, die auf die übertriebenen Bombardierungen der Alliierten zurückzuführen waren. Damit waren die Vormarschachsen wirksamer blockiert worden, als es der Gegner vermocht hätte.«[20] Auch hier ist, wenn auch nicht in völkerrechtlich-humanitärer, sondern in nüchterner taktisch-operativer Sicht von der Übertreibung des alliierten Bombenkrieges die Rede, der sich seit 1942 immer mehr und ganz bewußt zu einer reinen Terroraktion gesteigert hatte.

Der Bombenterror wurde in den letzten Kriegsmonaten in kraß völkerrechtswidriger Weise noch dadurch ergänzt, daß britische und amerikanische Fernjäger einzelne Zivilpersonen, vornehmlich Frauen und Kinder, auf Landstraßen oder auf freiem Feld mit Bordwaffen attackierten[21]. Offensichtlich sollte die Angst der Zivilbevölkerung nicht auf Groß- und Mittelstädte beschränkt bleiben, sondern auf das flache Land, auf Dörfer und Kleinstädte ausgedehnt werden. Waren schon bei den Bombardements der größeren Ortschaften seit 1942 nicht mehr militärische Ziele, Industrie und Verkehrsanlagen die Angriffsobjekte, so kann man bei den Angriffen auf Einzelpersonen oder kleine Personengruppen mit Bordwaffen nur noch pure Mordabsicht erkennen. Das waren Flieger der Nationen (der Mordvorwurf soll hier nicht verallgemeinert werden!), die 1945 und in den folgenden Jahren in Nürnberg und anderswo zu Gericht saßen, um Kriegsverbrechen abzuurteilen!

Hatte der Luftkrieg im deutschen Heimatgebiet ab 1942 immer mehr den Charakter eines wahllosen Terrors gegen die Zivilbevölkerung angenommen, so stellten doch die Luftangriffe auf Dresden vom 13. bis 15. Februar 1945 den unbestreitbaren Gipfel des Grauens und der militärischen Sinnlosigkeit dar.[22] War in Köln, Essen, Rostock, Hamburg usw. immerhin noch kriegswichtige Industrie angesiedelt, so muß für Dresden festgestellt werden, daß es keine bedeutende Industrie beherbergte, daß keine wichtigen militärischen Dienststellen oder Stäbe im Stadtgebiet waren, dafür aber voll belegte Lazarette und Krankenhäuser, und daß Dresden – oft als Elbflorenz bezeichnet – eine weltberühmte Kunststadt war. Zu den rund 600 000 Einwohnern der Stadt kamen etwa 500 000 Flüchtlinge aus Schlesien hinzu, die vor den anrückenden Sowjets nach Westen geflohen waren. Das war der britischen Führung bekannt, wahrscheinlich war es sogar der Hauptgrund, gerade Dresden für einen Terrorangriff auszuwählen[23].

Als ich im Herbst 1992 mit einer Gruppe des Verbandes deutscher Soldaten (VdS) Dresden besuchte, sprach der junge Stadtführer von dem furchtbaren Bombardement, dessen Folgen noch heute überall zu sehen seien, und nannte eine Zahl von 35 000 Toten. Ich wies ihn darauf hin, daß diese Zahl, die in der Nachkriegsliteratur häufig genannt wird, nur diejenigen Toten beinhaltet, die einzeln einwandfrei identifiziert worden sind. In dem Tagesbefehl Nr. 47 des Befehlshabers der Ordnungspolizei, Oberst Grosse, vom 22. März 1945 hieß es wörtlich: »Bis zum 2. März 1945 abends wurden 202040 Tote, überwiegend Frauen und Kinder, geborgen. Es ist damit zu rechnen, daß die Zahl auf 250000 ansteigen wird...«[24]

So ist es kein Wunder, daß heute manche die Gesamtzahl der Toten von Dresden in einer Größenordnung von 250000 bis 300000 schätzen. So grausam das klingen mag: ein halbes Jahrhundert nach den gräßlichen Ereignissen kann es auf 1000 mehr oder weniger nicht mehr ankommen. Fest steht aber, daß die Zahl der Toten von Dresden weitaus höher war als die von Hiroshima. Und doch redet von Hiroshima alle Welt, von Dresden redet man gar nicht oder spricht von 35000 Toten...

Nach dem Kriege meinte ein amerikanischer Professor, die Alliierten hätten beim Einmarsch in Deutschland angesichts der durch die Bombenangriffe herbeigeführten grausamen Zerstörungen befürchtet, die Kenntnis davon würde einen Stimmungsumschwung in Amerika herbeiführen und die Durchführung der Washingtoner Politik für Deutschland verhindern, wenn nämlich Mitleid mit den Besiegten geweckt und die Kriegsverbrechen der Alliierten bekannt würden. Aus diesem Grunde hätten die Amerikaner »eine ganze Luftflotte« eingesetzt, um Journalisten, Kongreßmitglieder und Geistliche zur Besichtigung der deutschen Konzentrationslager heranzubringen, mit dem Gedanken, durch den Anblick von Hitlers halbverhungerten Opfern das Bewußtsein der eigenen Schuld auszulöschen[25].

Kurz vor der Kapitulation erfuhren wir jungen Jagdflieger-Anwärter zwar von der Bombardierung Dresdens,[26] jedoch keine Einzelheiten über die Verheerungen und die Zahl der Opfer. Von Bomben zerstörte Städte kannten wir allerdings aus eigener Anschauung hinreichend, zumal wir noch kurz vor Kriegsende von Schlesien nach dem Westen verlegt wurden und zwei oder drei Tage lang die schwer angeschlagene Reichshauptstadt erlebten.

Anmerkungen:

[1] Paul Zurnieden in General-Anzeiger (Bonn) vom 26. 10. 93, S. 13.
[2] Wie Anm. 1.
[3] Wie Anm. 1.
[4] A. J. P. Taylor in Len Deighton, Unternehmen Adler – Die Luftschlacht um England, 2. Aufl., Bayreuth 1978, S.8.

[5] Schwinge, Bilanz, S. 66f.
[6] Vgl. General Wever in der Zeitschrift 'Die Luftwaffe' H. 1/1936.
[7] Einzelheiten bei J. Schreiber in Luftwaffen-Revue H. 3/1992 S.56ff.
[8] Vgl. Len Deighton (wie Anm. 4) S. 64: »Görings Luftwaffe war ... entwickelt zur engen Zusammenarbeit mit einrückenden deutschen Heeresverbänden ...Die Kapitulation von Polen und den Niederlanden erfolgte schnell nach den Bombenangriffen auf Warschau beziehungsweise Rotterdam.« – Zum Luftkriegsrecht allgemein vgl. Eberhard Spetzler, Luftkrieg und Menschlichkeit, Göttingen 1956 und Friedrich Berber, Lehrbuch des Völkerrechts, 2. Bd., München – Berlin 1962, S. 178ff. sowie J. M. Spaight, Air Power and War Rights, 3. Aufl. 1947.
[9] Schwinge, Bundeswehr, S. 52 mit weit. LitHinw. Vgl. auch Spaight wie Anm. 8.
[10] Gerhard Baeker in Luftwaffen-Revue H. 1/1991 S. 24. Baeker hat den Angriff selbst als Flugzeugführer mitgeflogen. Er hat 50 Jahre später an einer Versöhnungsfeier in Coventry teilgenommen.
[11] Vgl. Schwinge, Bilanz, S. 68.
[12] Zit. nach Schwinge, Bilanz, S. 68.
[13] Wie Anm. 12.
[14] Verrier S. 13.
[15] McKee S. 10.
[16] Zit. nach Schwinge, Bilanz, S. 65.
[17] Berber (wie Anm. 8) S. 180.
[18] Er erklärte am 4. 9. 40: »So kommen sie in der Nacht und werfen nun, wie Sie wissen, *wahllos und planlos auf zivile bürgerliche Wohnviertel ihre Bomben, auf Bauerngehöfte und Dörfer.* Wo sie irgendein Licht erblicken, wird eine Bombe darauf geworfen. Ich habe drei Monate lang das nicht beantworten lassen, in der Meinung, sie würden diesen Unfug einstellen. Herr Churchill sah darin ein Zeichen unserer Schwäche. Sie werden es verstehen, daß wir jetzt nun Nacht für Nacht die Antwort geben, und zwar steigend Nacht für Nacht. Und wenn die britische Luftwaffe 2000 oder 3000 oder 4000 Kilogramm Bomben wirft, dann werfen wir jetzt in einer Nacht 150000, 180000, 230000, 300000 und 400000. Und wenn sie erklären, sie werden bei uns Städte in großem Ausmaß angreifen – wir werden ihre Städte ausradieren! Wir werden diesen Nachtpiraten das Handwerk legen, so wahr uns Gott helfe. Es wird die Stunde kommen, da einer von uns beiden bricht, und das wird nicht das nationalsozialistische Deutschland sein! Denn ich habe schon einmal einen solchen Kampf in meinem Leben durchgeführt bis zur letzten Konsequenz, und der Gegner gebrochen, der heute noch in England auf einer letzten Insel in Europa sitzt.«
[19] Generalleutnant E. L. M. Burns in seinem Buch »Megamurder« (Massenmord), zit. nach Schwinge, Bilanz, S. 65.
[20] Liddell Hart in Schweizer Monatshefte für Politik, Wirtschaft, Kultur, H. 10, Zürich 1970, S. 935ff.
[21] Vgl. Schwinge, Verfälschung, S. 106; ders. Bilanz S. 74.
[22] Vgl. das gesamte Buch von McKee (LitVerz.), ferner Leserbriefe K. E. Ehrlicher in General-Anzeiger (Bonn) vom 9. 3. 91 und 19. 2. 93, J. Schreiber in Welt am Sonntag vom 21. 2. 93. – In einem Aufsatz »Die Queen und Dresden« (»Soldat im Volk« 1/93 S. 2f.) habe ich gesagt: »Der Angriff auf Coventry wurde im Anfang des Krieges geflogen, als sich noch alle Kriegsparteien Hoffnung auf den Sieg machten. Die Angriffe auf Dresden erfolgten, als sich Deutsches Reich und Deutsche Wehrmacht, für alle erkennbar, bereits in der Agonie befanden. Diese moralisch, rechtlich und militärisch relevanten Gesichtspunkte vermißte man in den deutschen Ergebenheitsmedien – wie leider seit Jahren gewohnt – vollkommen.«
[23] Ehrlicher (vgl. Anm. 22) erwähnt einen Befehl an die britischen Bomber nach dem Angriff auf Dresden: »Heute Nacht ist Chemnitz Ihr Ziel. Wir greifen die Flüchtlinge an, die sich, besonders nach dem Angriff auf Dresden in der letzten Nacht, dort sammeln.«

[24] Ehrlicher, Leserbrief (vgl. Anm. 22) vom 9. 3. 91.
[25] Quelle: Hermann Kater in »Soldat im Volk« 11/93 S. 156 ff. (158). Vgl. auch »Ein Wort zu Dresden« in »Soldat im Volk« 1/93 S. 3.
[26] Bei aller menschlichen Erschütterung sahen wir damals allerdings noch nicht das, was später ein britischer Labour-Politiker und ehemaliger Minister, R. H. S. Crossman, wie folgt beurteilte: »Die Zerstörung von Dresden im Februar 1945 war eines jener Verbrechen gegen die Menschlichkeit, deren Urheber in Nürnberg unter Anklage gestellt worden wären, wenn jener Gerichtshof nicht zu einem bloßen Instrument alliierter Rache verfälscht worden wäre« (In der Zeitung »New Statesman« im Mai 1963, zit. bei Schwinge, Bilanz, S. 78).

# 9.
# Sport und Kunst gestern und heute

Zu den (bis zur Lächerlichkeit gehenden) einseitigen Betrachtungen über das Dritte Reich gehören auch der Sport und die Kunst. Gerade in diesen Bereichen grassiert anscheinend ein unwiderstehlicher Drang, kein gutes Haar an allem zu lassen, was zwischen 1933 und 1945 in Deutschland geschehen ist, als ob es damals nur blindwütige Parteiideologen gegeben hätte.

*Der Sport*
Als ich von 1936 bis 1943 in Berlin und Braunschweig auf dem Gymnasium war, wurde das Fach Leibesübungen (Turnen, Sportausbildung) sehr groß geschrieben. Wir hatten pro Woche drei Stunden Sport während der regulären (vormittäglichen) Schulzeit und einmal in der Woche am Nachmittag zwei Stunden Turnspiele (Hand- und Fußball, Völkerball usw.). Ähnlich dürfte es damals in den meisten höheren Schulen zugegangen sein, wobei Einzelheiten je nach örtlichen Gegebenheiten und Zeitumständen unterschiedlich gewesen sein mögen. Auch bei uns wurde diese Planung im Laufe des Krieges gelegentlich geändert oder allgemein eingeschränkt.
Selbst bei der Aufnahmeprüfung für die höhere Schule wurde eine Sportprüfung abgenommen, die zu bestehen allerdings nicht schwierig war. Mir ist auch kein Fall bekannt, daß ein Schüler nur wegen mangelnder Sportleistungen nicht im Gymnasium zugelassen worden wäre. Auf jeden Fall gaben sich die meisten Schulkameraden größte Mühe, im Fach Leibesübungen nicht ungut aufzufallen und wenigstens die Note 3 (befriedigend) zu erreichen. Wer nur eine 4 (ausreichend) bekam, galt im Jugendjargon schon als »Flasche«, während die Kameraden, die eine 1 (sehr gut) oder 2 (gut) erreichten, beachtliches Ansehen genossen bzw. beneidet wurden.
Dabei kann die Wertschätzung körperlicher Ertüchtigung wahrhaftig nicht als typisch nazistisch eingestuft werden, kannten doch schon die Römer das Ideal »*mens sana in corpore sano*«[1] und der Turnvater Jahn[2] mit seinem »frisch, fromm, fröhlich, frei« würde sich gewiß im Grabe herumdrehen, wenn man in ihm einen frühen Nazi erblicken

wollte. Eines aber sollte hervorgehoben werden: im Dritten Reich gab es noch keine Kommerzialisierung des gesamten Sports wie heute. Die Sportler in den Vereinen (Fußball, Handball, Leichtathletik usw.) waren noch Idealisten, die weder nach Gehältern noch nach Siegerprämien fragten! Eine weltanschauliche Untermauerung des Sportbetriebes fand allenfalls in den Kommentaren der Presse statt, hatte aber mit dem sportlichen Ehrgeiz (und den erzielten Erfolgen) der jungen Menschen nichts zu tun. Das galt auch für die 1936 in Berlin stattgefundene Olympiade, die heute von Schlaumeiern (die meist damals noch gar nicht gelebt haben), als Propagandabluff, als Täuschung des Auslands und global als Nazi-Olympiade abgetan wird. Mit Zeitungsüberschriften wie »Unpolitische Spiele verloren ihre Unschuld«[3] versuchen Publizisten, darüber hinwegzutäuschen, daß diese XI. Sommer-Olympiade in ihren wesentlichen Abläufen den vorhergehenden Welt-Sportwettkämpfen, die bekanntlich 1896 erstmalig durchgeführt wurden, glich.

Die Behauptung, es sei während der olympischen Spiele in Berlin zu rassistischen Ausschreitungen oder öffentlichen Diskriminierungen gekommen, stellt eine glatte Lüge dar, die dem Wunsch entspringt, das internationale Sportfestival nachträglich zu politisieren und abzuwerten. Dazu gehört auch die unwahre Geschichte, Adolf Hitler habe sich aus »rassischen« Gründen geweigert, dem schwarzen US-Amerikaner Jesse Owens die Hand zu reichen. Hitler hatte als Staatsoberhaupt lediglich die Aufgabe, mit der bis heute üblichen Formel die olympischen Spiele zu eröffnen, was er auch ohne jeden verbalen Zusatz getan hat. Die Verleihung von Medaillen oder besondere Siegerehrungen waren nicht seines Amtes, und er hat sich insoweit absolut korrekt verhalten, zumal man ihn seitens der Organisatoren darauf aufmerksam gemacht hatte, daß Gratulationen durch das Staatsoberhaupt des Gastgeberstaates nicht üblich seien.

Im übrigen kann man in den offiziellen und inoffiziellen Büchern und Filmen über diese Olympiade feststellen, daß weder Owens, der vier Goldmedaillen errang, noch andere Sportler diffamiert worden sind. Im großen Olympia-Bildband von 1936 ist Owens viermal abgebildet. Ich erinnere mich noch recht genau an diese großen Ereignisse, wobei man als zehnjähriger Junge ebenso Freude über die vielen deutschen Medaillen empfand als auch Bewunderung für erfolgreiche ausländische Sportler. Rassefragen spielten damals bei uns Jungen überhaupt

keine Rolle. Owens selbst hat in seiner Autobiographie auch kein Wort über Diskriminierungen 1936 in Deutschland geschrieben, was er bestimmt getan hätte, wenn auch nur ein Körnchen Wahrheit an den Vorwürfen über rassistische Diskriminierung dran gewesen wäre.
Im In- und Ausland wurden die Organisation und der festliche Aufwand für die Spiele bewundert. Natürlich stellte sich die erst dreieinhalb Jahre an der Macht befindliche NS-Bewegung, von Hitler angefangen bis zu den letzten kleinen Funktionären, in möglichst positivem Licht dar. In den Zeitungen und im Rundfunk war sehr viel von Frieden und Völkerverständigung die Rede. Der Enthusiasmus auf internationaler Ebene war so groß, daß beispielsweise die französische Olympiamannschaft mit zum Nazigruß erhobenen Armen ins Stadion einrückte. Wer will da der deutschen Bevölkerung und besonders den jungen Deutschen verübeln, daß sie sich mitgerissen fühlten in der nationalen Emotionalität: Auch im Sport sind wir wieder »wer«? Goldmedaillengewinner wie etwa Gerhard Stöck (Speerwerfen), Hans Wöllke (Kugelstoßen), Herbert Runge (Boxen) und Kurt Hasse (Reiten) waren ebenso in aller Munde wie die Handballmannschaft und viele (auch für die politische Führung unerwartet viele!) Gewinner von Silber- und Bronzemedaillen.
Sehr populär war auch Oberleutnant Gotthardt Handrick, der im Modernen Fünfkampf brillierte und später im Kriege als Jagdflieger das Deutsche Kreuz in Gold erhielt.
Auf etlichen Gebieten des Sports waren damals Deutsche erfolgreich. Bei den Autorennfahrern sind mir noch heute Namen wie Rudolf Carracciola, Hans Stuck, Bernd Rosemeyer und Manfred von Brauchitsch im Ohr; als Kinder spielten wir auf der Straße mit Automodellen die internationalen Rennen nach. Bei aller Würdigung der Spitzensportler fand aber der Breitensport nicht nur Begeisterung, sondern auch staatliche Förderung. Und wer auf Orts-, Kreis- oder Bezirksebene sportlich erfolgreich war, empfand Stolz und wurde geehrt, ohne daß er sich deshalb als Nazi-Sportler fühlte oder glaubte, mit seinen Leistungen die NSDAP zu fördern. Solche Gefühle und Strebungen sind eigentlich erst nach 1945 im Rahmen der großen Schuldzuweisungen hineininterpretiert worden, wobei gewiß nicht geleugnet werden kann, daß die professionellen Nazi-Propagandisten alle Sporterfolge auch als Siege der neuen Ideologie herausstellten, wie es übrigens entsprechend die SED später ebenso getan hat.

Wer sich die Diskrepanz einerseits zwischen persönlichem sportlichen Ehrgeiz, der Freude am eigenen Erfolg und auch der Dankbarkeit für Förderung der Sportausübung, andererseits aber der ideologischen Vermarktung durch Sportfunktionäre und Politiker nicht vorstellen kann, der sollte an die Entwicklung des Sports in der DDR denken. Die bekannte Eiskunstläuferin Katarina Witt hat noch nach der Wiedervereinigung Deutschlands öffentlich erklärt, sie sei sehr dankbar für die staatliche Förderung in der DDR, die sie in hohem Maße erfahren habe. Das nimmt man ihr offenbar nicht übel, denn es war eben keine Nazi-Förderung!

*Die Kunst*
Über Geschmack läßt sich nicht streiten, sagt eine bekannte Redensart. Über Geschmack läßt sich streiten, sagen andere und meinen eigentlich genau das gleiche: daß es in ästhetischen Fragen keine absoluten Wertmaßstäbe gibt, daß es bei Entscheidungen »schön oder häßlich« – »stilvoll oder stillos« – »Kunst oder Kitsch« usw. keine gewissermaßen mathematisch nachweisbaren Ergebnisse oder Wertungen geben kann. Schlimm ist es nur – und das erleben wir fast täglich –, wenn Kunst politisch gesehen und mit ideologiebefrachteten Akzenten bewertet wird. Die Nationalsozialisten waren nicht die ersten, die das getan haben, aber sie waren doch in schöner deutscher Hundertfünfzigprozentigkeit besonders gründliche Kulturideologen. Irgendwann kam das »ominöse, unheilkündende Schlagwort 'entartet' ... auf«[4]. 1937 wurde in München eine große Ausstellung »Entartete Kunst« inszeniert, bei der die dargebotenen Objekte durch entsprechende negative Kommentierung verunglimpft oder lächerlich gemacht wurden. Man muß aber, auch wenn das nicht dem heutigen Zeitgeist entsprechen mag, feststellen, daß die Ausstellung wirklich allerlei Seltsamkeiten, künstlerische Entgleisungen und auch wahre Scheußlichkeiten zeigte, freilich neben Werken bedeutender gestalterischer Ausdruckskraft, die von den NS-Kulturpäpsten nur deshalb verfemt wurden, weil der Künstler Jude, Marxist oder anderweitig politisch unerwünscht[5] war. Bürgerliche Kreise machten diese Negativwertung nicht ohne weiteres mit, denn man spürte deutlich, daß hier Kunst und Politik in unzulässiger Weise miteinander verquickt wurden. Allerdings gab es keinen allgemeinen Protestschrei, man hatte andere Sorgen, und Hitler stand damals im Zenith seiner Macht, vom In- und Ausland bewundert.

Übrigens hat es manche Parallele zwischen Nazi- und Sowjetkunst gegeben, wie ohnehin die Gleichung »braun gleich rot« vieles für sich hat. In beiden totalitären Systemen lassen sich vor allem auch plötzliche kunstideologische Sinneswandel feststellen. Lange Zeit feierte Rußland seine vor-revolutionäre und revolutionäre Kunst, deren Wurzeln kurz nach der Jahrhundertwende zu finden sind und die auch im Westen manchen fortschrittlichen Liebhaber fand. Unter Stalin wurden dann ab etwa 1930 alle avantgardistischen Werke verdammt oder zugunsten eines kommunistischen Realismus ins Abseits gedrängt, indem man nun die Avantgarde als kapitalistisch und ideologisch unerwünscht verleumdete.

So wie sich Hitlerbilder und -skulpturen, verlogene Arbeiter-, Bauern- und Soldatenbilder im Dritten Reich vordrängten und gern ausgestellt wurden, entstanden in der Sowjetunion vergleichbare Lenin-, Stalin- und Proletarierdarstellungen, die prinzipiell nicht besser und nicht schlechter als die NS-Werke waren.

Im Gefolge der ideologischen Bekämpfung der »entarteten Kunst« im Dritten Reich hat es nach dem Kriege eine ebenso unsachliche Gegenbewegung gegeben, indem nun alles, was zwischen 1933 und 1945 in Deutschland entstanden war – bildende Kunst, Musik, Filme usw. – als Nazikunst oder Unkunst verteufelt wurde. Beispielsweise wurden (und werden) Bildhauer wie Josef Thorak[6] und Arno Breker[7] als Nichtskönner oder minderwertige Kitschfabrikanten dargestellt, nur weil sie zu Hitlers Lieblingskünstlern zählten und unter anderem Statuen für die neue Reichskanzlei, das Berliner Reichssportfeld oder die Autobahnen geschaffen haben. Dem großen Schauspieler Heinrich George bescheinigte eine Kritikerin anläßlich seines 100. Geburtstages[8], daß man bei ihm »nicht in ungetrübter Idolisierung großer Schauspielkunst schwelgen« dürfe, denn er habe »seine Kunst auch in den Dienst des nationalsozialistischen Regimes« gestellt. So ging es neben manchem anderen Schauspieler auch Carl Raddatz, dem man zum Beispiel eine Rolle als Fliegerhauptmann in dem Film »Wunschkonzert« (1940) übelnahm, wie man seine Filmpartnerin Ilse Werner noch Jahre nach dem Kriege als »Durchhaltemieze« beschimpfte, weil sie in dem gleichen Film und in etlichen weiteren Unterhaltungsfilmen während des Krieges mitgewirkt hat. Der Hinweis, daß viele dieser Filme völlig unpolitisch waren, nutzt gar nichts, denn sofort wird unterstellt, daß gerade die Unterhaltungsfilme das Volk vom Kriegsgeschehen ablenken, unterhalten, einlullen sollten.

Zu welchen grotesken Emotionen die Vergangenheitsbewältigung im Sektor Kunst fähig ist, zeigte sich auch anläßlich von Fernsehsendungen zum 90. Geburtstag des beliebten holländischen Schauspielers Johannes Heesters November/Dezember 1993. Ein niederländisches »Dachau-Komitee« protestierte nämlich gegen die Ausstrahlung einer ZDF-Sendung mit der Begründung, Heesters sei im Krieg vor SS-Leuten im Lager Dachau aufgetreten. Zu diesem – unbestrittenen – Vorfall hatte der Schauspieler schon 1986 erklärt: »Die SS hatte gesagt: Sie sind morgen unser Gast in Dachau, und es gibt keinen Grund, verhindert zu sein.« Mag dies anno 1986 eine Schutzbehauptung gewesen sein oder nicht, das erscheint heute relativ uninteressant. Bemerkenswert ist lediglich das Verlangen, eine Geburtstagssendung für einen der populärsten Film- und Operettenstars, der auch im hohen Alter heute noch umjubelt auftritt und gewiß alles andere als ein politischer Mensch war und ist, wegen eines vor einem halben Jahrhundert stattgefundenen Auftritts vor SS-Leuten als unwürdig für eine Fernsehsendung im Jahre 1993 anzusehen. Manche glaubten auch, ihm als künstlerische und menschliche Belastung anhängen zu sollen, daß Adolf Hitler ihn (angeblich) geschätzt habe. Und dieses kleinliche Nachschnüffeln (»Herr Lehrer, ich weiß was...«) in einer Zeit, in der sich vor allem Linksintellektuelle bemühen, an sowjetischen und DDR-Künstlern möglichst viele wertvolle Seiten zu finden, und ihnen entschuldigend Politikferne attestieren!

Wie steht es übrigens mit der Beurteilung von Künstlern wie Marlene Dietrich oder Josefine Baker und Tausende anderer, die auf der Gegenseite Truppenbetreuung gemacht oder sogenannte Durchhaltefilme gedreht haben? Aber wenn zwei das gleiche tun, ist es bekanntlich nicht das gleiche; das weiß man im Rahmen der Bewältigung der Vergangenheit, man erlebt es Tag für Tag, nicht zuletzt bei der soeben erwähnten sehr viel milderen Beurteilung von Künstlern, die nach 1945 das SED-Regime im anderen Teil Deutschlands gestützt und dafür viele Privilegien erlangt haben. Bei allen Betrachtungen der Vergangenheit muß offenbar immer herauskommen, daß die Menschen im Dritten Reich unter Bösen die Bösesten, unter Charakterschwachen die Charakterschwächsten waren...

In der NS-Zeit lehnten viele Leute – solche mit mehr und solche mit weniger Kunstverstand und ästhetischer Urteilskraft – die öffentlich propagierte »völkische« Kunst ab, die die angeblich entartete Kunst ablösen sollte. Selbst wir Jungen amüsierten uns oft über martialische Kämpfergesichter auf Ölgemälden, treudeutsche Edelblondinen in wallenden Gewändern auf Bildern oder bei öffentlichen Darbietungen; auch die ständigen Darstellungen von pflügenden Bauern und garbenbindenden Landjungfrauen waren nicht unser Fall. Blut- und Boden-Kitsch nannte man das hinter vorgehaltener Hand.

Andererseits konnten wir damals und können wir heute jener Art von Kunst wenig abgewinnen, die mit solider künstlerischer Fähigkeit, also mit Können, kaum noch etwas zu tun hat[9] und sich nur in dem Drang ergeht, immer wieder »etwas Neues« auf den Kunstmarkt zu bringen. Sie findet dabei freilich durchweg eine zu frenetischem Jubel geneigte Schickeria,[10] die sich jedem normaldenkenden Bürger geistig weit überlegen fühlt, wenn sie kindliche Strichmännchen oder alberne Farbkleckserei[11] mit tiefschürfenden Kommentaren versieht.

Ich erinnere mich an eine Gemäldeausstellung in den frühen Nachkriegsjahren, in der auf mehreren Bildern Farben und seltsame kleine Häufchen (die an überdimensionalen Fliegendreck erinnerten) von der abstrakten Malerei des Bildes bis auf den Rahmen hinausreichten. Beflissene Kunstkritiker erläuterten dies als das künstlerische Bestreben, den engen Rahmen zu sprengen und über die Begrenztheit hinauszuwachsen! Im Fernsehen war vor mehreren Jahren einmal ein Künstler zu sehen, der eine sehr große Leinwand aufspannte, dann einen Besen in schwarze Farbe tauchte und ihn mit ein paar Schritten Anlauf auf die Leinwand knallte, so daß es große Farbkleckse und Streifen auslaufender Schwärze gab.

Das, was sich heute als besonders progressive Kunst darbietet, deckt sich – bei aller Verschiedenartigkeit »moderner« Kunstrichtungen – weitgehend mit jener fortschrittsbeflissenen Kunst der Weimarer Zeit. Der geistreiche israelische Satiriker Ephraim Kishon, studierter Kunsthistoriker und Träger des Aachener Ordens »Wider den tierischen Ernst«, sagte einmal im Fernsehen im Hinblick auf allzu progressive Kunstwerke: »Ich *glaube* nicht, daß diese moderne Kunst Gaukelei ist, ich *weiß* es!«[12]

Selbst auf die Gefahr hin, daß man mich und gleichgesinnte Freunde des Kunstbanausentums zeiht, muß ich sagen, daß wir die Nutzung von

Markenbutter in einer Atelierecke (Joseph Beuys 1982) als Kunst oder die Verwertung von Spitzhacken, Steckdosen, Lippenstiften, Weinflaschen oder Speiseeistüten (in einer Fernsehsendung im Oktober 1993 als ernstzunehmende Kunstgegenstände erwähnt) nicht als Kunst anzuerkennen bereit sind, gleichgültig, ob dies vor 1933 oder von Exilkünstlern während des Dritten Reiches oder im Nachkriegsdeutschland als wertvoll propagiert worden ist. Wenn man sich im übrigen mit Recht darüber aufregt, daß in der NS-Zeit Gemälde, Skulpturen oder Film- und Theaterleistungen nur deshalb abgelehnt wurden, weil der Künstler Jude oder Marxist war, so sollte man sich ebenso entschieden dagegen wenden, daß die Mitgliedschaft in der NSDAP oder die Freundschaft mit NS-Größen darüber entscheidet, ob etwas als Kunst anzuerkennen ist oder nicht. Das Werk als solches entscheidet, nicht die vermeintliche oder wirkliche weltanschauliche Gesinnung des Künstlers.

Anmerkungen:

[1] Ein gesunder Geist in einem gesunden Körper.
[2] Friedrich Ludwig Jahn, 1778–1852, Jugenderzieher, Schriftsteller.
[3] So die Westdeutsche Allgemeine Zeitung (WAZ) vom 2. 8. 86.
[4] Franzen S. 32.
[5] Wie schillernd der Begriff »politisch unerwünscht« war und auch heute ist, zeigt sich bei dem Maler und Graphiker Emil Nolde (1867–1956), der sich 1920 der NS-Bewegung anschloß, entschiedener Judengegner war, dann aber 1937 den »Entarteten« zugerechnet und später sogar aus der Reichskammer der bildenden Künste ausgeschlossen wurde.
[6] 1889–1952.
[7] Geb. 1900. Lebenserinnerungen (1972) »Im Strahlungsfeld der Ereignisse«.
[8] Marion Löhndorf, General-Anzeiger (Bonn) vom 9./10. 10. 93.
[9] Ironisch schrieb Dr. R. Zoch in einem Leserbrief an die »Welt am Sonntag« (21. 6. 92): »Die hervorragende Leistung des bedeutenden Künstlers besteht darin, in exquisitem Weitblick hinein ins nächste Jahrtausend universale Größe auf ein absolutes Minimum reduziert und die Individualität des Schaffenden im Gewicht der Signatur verewigt zu haben.«
[10] Dazu Ellen Hain in einem Leserbrief (Fundstelle wie Anm. 9): »Die Kunst krankt daran, daß ihr die Innerlichkeit fehlt, weil die Gunst dem 'Kunstschaffenden' alles erlaubt. Was sind wir doch für eine reiche Nation, die die vor Ort 'erarbeiteten Kunstwerke' mit Geldscheinen zudeckt und die Kunst zum Gunstgewerbe macht.«
[11] Von Zeit zu Zeit liest man Meldungen wie diese (General-Anzeiger, Bonn, vom 10. 2. 93): »Die Akademie der Schönen Künste in Manchester hat für eine Ausstellung auch ein abstraktes Aquarell angenommen, ohne zu ahnen, daß es sich bei der Künstlerin um ein vierjähriges Mädchen handelt … Die 28jährige freischaffende Künstlerin Helen Johnson sagte gestern, sie habe das Werk ihrer Tochter nur zum Scherz eingesandt.« Hier erübrigt sich wohl jeder Kommentar!
[12] Vgl. Schreiber, Täter, S. 75 f. mit Quellenhinweis und weiteren Beispielen und Kommentierungen.

# 10.
# Vergangenheitsbewältigung oder Traditionspflege?

Aus der Vielzahl von Wortschöpfungen seit dem Ende des Zweiten Weltkrieges ragt der Begriff »Vergangenheitsbewältigung« – den ich in den vorangegangenen Kapiteln mehrfach angesprochen habe – besonders hervor. Zunächst muß man sich fragen, ob man Vergangenes überhaupt bewältigen kann. Der Volksmund sagt: »Was vorbei ist, ist vorbei!« und hat mit dieser banalen Feststellung irgendwie recht. Trotzdem ist es sehr natürlich (und häufig angebracht), das Gestern und Vorgestern zu betrachen, zu analysieren, zu durchdringen und damit geistig zu bewältigen.

Nur wenige verbale Neuschöpfungen sind in den letzten Jahrzehnten so häufig und so inbrünstig wie diese Vergangenheitsbewältigung benutzt worden, von Universitätsprofessoren, von Grundschul- und Gymnasiallehrern, von Politikern aller Provenienz, von Zeitungsschreibern und nicht zuletzt von den Fernsehgewaltigen. Eindeutig festgelegt aber hat bis jetzt keiner von ihnen, was er eigentlich damit meint. Im Ergebnis scheint mir die Vergangenheitsbewältigung auf die Übernahme der Urheberschaft und Verantwortung für alle Untaten des Zweiten Weltkrieges durch Deutschland hinauszulaufen. Demnach bewältigt die Vergangenheit, wer lauthals bekennt, daß dieser Krieg allein durch deutsche Schuld verursacht, mit deutschen Rechtsbrüchen und Grausamkeiten durchgeführt und nur durch das heldenhafte Eingreifen edler, humanistisch handelnder Alliierter beendet worden sei.

Wer sich hiergegen wendet, riskiert, sofort in eine extremrechte Ecke gestellt, womöglich als Neonazi beschimpft zu werden. Neuerdings bezeichnet man ihn auch gern als Revisionisten und belegt diesen Begriff mit einem betonten Unwerturteil. Der ganze Komplex ist zu einem Politikum verkommen und sachlicher Diskussion kaum noch zugänglich.

Viel wichtiger wäre es, sich intensiv den vielfältigen Fragen des Geschichtsverständnisses und der Traditionspflege zuzuwenden. Hier ist Nachdenken erforderlich, auch der Mut, sich den Strömungen des Zeitgeistes zu widersetzen!

Fast jeder hat schon einmal ohne große Überlegung gesagt: »Das ist bei uns fast schon Tradition!« oder »Wir machen das traditionell so« oder »Das entspricht alter Familientradition.« Solche Feststellungen beruhen kaum auf tiefsinnigen Überlegungen und betreffen vielfach ziemlich banale Dinge wie das Aufsuchen des seit vielen Jahren gleichen Urlaubsortes, den Spaziergang am Ostersonntag oder die Zusammensetzung des Silvestermenüs.

In einer in den zwanziger Jahren in Barmen privatim gedruckten Geschichte eines Zweiges meiner Familie fand ich den beachtenswerten Spruch:

*Tradition ist die Hüterin der einzigen Güter, die nicht käuflich sind.*

Sucht man nach einem Kontrapunkt zu dieser hehren Feststellung, so kann man bei dem wenig bekannten Schriftsteller Vierordt den Vers finden:

*Der Mensch seufzt unter Joch und Fron,*
*am schwersten unter der Tradition.*

Die Frage, was Tradition eigentlich sei, wird dabei unterschiedlich beantwortet. Im »Kleinen Brockhaus« ist sie definiert als das Weitergeben von Kenntnissen und Fertigkeiten, des Kulturbesitzes und der Moralanschauung auf die folgenden Generationen durch mündliche oder schriftliche Überlieferung. In einem Fremdwörterbuch von 1879[1] stieß ich auf die Erklärung: Die Übergabe, mündliche Überlieferung, Fortpflanzung von Lehren etc., Sage, mündlich überlieferte Nachricht. Griffig und einleuchtend scheint mir die Definition des Philosophen Josef Pieper, Tradition sei die emotionale Übernahme von Wertvorstellungen aus der Vergangenheit.

Mit der Einbeziehung des Emotionalen wird die tiefe Problematik unterstrichen, die dem Traditionsdenken anhaftet. Denn es steht fast zwangsläufig in einem Spannungsverhältnis zu allen Fortschrittsideen. Damit aber wird Tradition, vor allem in linksintellektuellen Kreisen, oft zu einem Buhmann stilisiert: traditionsgebundenes Denken gleich Stillstand, ja Rückschritt, Abwehr alles Neuen und Besseren. Dabei wird übersehen, daß ein Spannungsverhältnis nicht zwangsläufig völligen gegenseitigen Ausschluß, also Unvereinbarkeit bedeutet. Gesunde, von Überzeugung getragene Traditionen können durchaus neben dem Willen, Neues zu schaffen und zu akzeptieren, bestehen bleiben. Für militärische Traditionen gilt dies in hohem Maße.

Die Begriffe Tradition und Geschichte sind zwar nicht synonym, also jederzeit untereinander austauschbar, sie sind aber untrennbar miteinander verbunden. Da jedes bewußte Handeln Erfahrungen voraussetzt, positive oder negative, muß Tradition auf geschichtlichen Fakten und Erkenntnissen aufbauen. Gründe und Ursachen für Traditionspflege sind in dem menschlichen Bestreben zu suchen, eigene und fremde Erfahrungen bewußt zu machen und für Gegenwart und Zukunft zu nutzen. Wenn man die moderne europäische Militärgeschichte mit dem Aufkommen der stehenden Heere zu Beginn des achtzehnten oder der weitgehend auf der allgemeinen Wehrpflicht basierenden Massenheere zu Beginn des neunzehnten Jahrhunderts anfangen läßt[2], dann stehen drei bzw. zwei Jahrhunderte zum Studium »von Bräuchen, Loyalitäten, Traditionen, Symbolen, Werten und Rivalitäten, die sich in den Streitkräften herausgebildet haben«[3], zur Verfügung. Dieser Bereich soldatischen Lebens, der in der Bedeutung und Wertigkeit zumindest gleichberechtigt neben Taktik und Strategie, technischer Entwicklung und Logistik steht, ist ein »von der Forschung noch weitgehend vernachlässigtes Element der institutionellen Entwicklung und Eigenart, der Schlagkraft und Anfälligkeit der bewaffneten Macht.«[4]

Was die deutsche Militärgeschichte und die deutschen soldatischen Traditionen betrifft, kann man nicht so tun (obwohl es immer wieder innerhalb und außerhalb der Bundeswehr versucht wird), als ob zustimmungswürdige Geschichte und gute Traditionen erst nach dem Jahr 1945 erkennbar seien. Dennoch gibt es etliche Deutsche – Soldaten und Wissenschaftler, vor allem aber Publizisten –, deren Verhältnis zur Vergangenheit, also zu jenen zwei- oder dreihundert Jahren so gestört ist, daß sie eine Negativlinie von Friedrich dem Großen über Bismarck und Moltke zu Hindenburg, Seeckt und dann geradeswegs zu Adolf Hitler ziehen. Mit der berechtigten Verdammung des (in Österreich geborenen) Hitler wird von ihnen die gesamte preußisch-deutsche Geschichte dieser zwei, drei Jahrhunderte vom Tisch gewischt und stillschweigend oder *expressis verbis* als nicht traditionswürdig abgetan. Übrig bleiben dann vielleicht noch die Revolution von 1848, die frühe Weimarer Zeit (soweit sie von der politischen Linken mitbestimmt war) und wenige mehr periphäre Erscheinungen, für einige wohl auch das Zeitalter der Befreiungskriege und der damaligen preußischen Reformen. Welche Verkürzung, welche Einseitigkeit!

Wer immer nur die (angeblich) böse Seite deutschen Soldatentums hervorkehrt[5], mag zwei Leserbriefe aus der Feder eines ehemaligen Royal-Navy-Offiziers zur Kenntnis nehmen, die 1982 und 1985 in der Tageszeitung »Die Welt« erschienen sind.[6] In dem älteren hieß es unter anderem: »Ich war einer der wenigen Überlebenden von einem … Schiff, das 400 Meilen nördlich vom Polarkreis von Ju 88-Tiefffliegern versenkt wurde. Nach einem langen Aufenthalt bei der russischen Armee konnte ich mit einem Geleitzug durch das Eismeer zurück nach England fahren. Auf dieser Fahrt verloren wir noch fünf Schiffe. Aber in den ganzen fünf Jahren des Krieges habe ich nicht einmal einen Royal-Navy-Soldaten gehört, der die deutschen Seemänner anders beschrieb als gute und ritterliche Gegner. – Meine Heimatstadt Portsmouth lag Ende des Krieges durch Bombenangriffe in Trümmern und Asche. Aber 1950, nur fünf Jahre später, suchten die Bürger eine deutsche Stadt, ähnlich zerstört wie die ihre, und trafen sich in Freundschaft. Das war Duisburg … Niemand sollte die Deutschen kritisieren … Unsere Kriegsfilme sind lächerlich und unrichtig; produziert zweifellos von unreifen Leuten, die nur 'Soldaten spielen'. Die Vorstellung, daß alle Briten Soldaten sind, die sich nicht unterkriegen lassen, während alle Deutschen Dummköpfe sind, ist ungenau und historisch irreführend … Ich glaube, daß ich befähigt bin, in dieser Weise über dieses Thema zu schreiben. Nachdem ich fünf Jahre gegen die Deutschen gekämpft habe, hatte ich die große Freude, viele Jahre in ihrem schönen Land zu leben.«

Diese Aussagen sind zwar besonders pointiert, aber tendenziell gar nicht so ungewöhnlich. Wenn nach dem Kriege hochdekorierte deutsche Offiziere, beispielsweise Heeresgenerale, Flieger-Asse oder Ubootskommandanten, ins westliche oder neutrale Ausland kamen, wurden sie stets interessiert nach ihren Kriegserfahrungen gefragt, man ließ sie militärische Fachvorträge halten, bezog sie in Diskussionsrunden ein. Selten gab es irgendwelche Proteste oder gehässige Pressestimmen. Ich selbst bin als Abteilungskommandeur der Führungsakademie der Bundeswehr (später Stellvertr. Akademie-Kommandeur) mehrmals mit angehenden Generalstabsoffizieren (Heer, Luftwaffe) in England, Kanada und USA gewesen. Nicht ein einziges Mal wurden wir auf sog. Nazivergangenheit angesprochen oder vorwurfsvoll auf die Vätergeneration hingewiesen. Die ausländischen Kameraden interessierten sich dafür, warum diese deutsche Division 1944, da und da nicht eingesetzt worden sei, weshalb bei jener Luftschlacht so wenig deutsche Jäger am Himmel waren oder welche Probleme die Marine 1942 gehabt habe. Ich habe weder bei britischen noch bei amerikanischen oder kanadischen Offizieren, aber auch nicht bei Franzosen, Italienern oder Belgiern jemals den Eindruck gehabt, daß sie grundsätzlich Militärtraditionen in Frage stellen, weder ihre eigenen noch die der Deutschen.

Umso erstaunlicher ist, daß die Bundeswehr sich mit Traditionserlassen und mit Geschichtsdarstellungen im soldatischen Unterricht so schwer tut. Oft hat man den Eindruck, als wenn aus der Zeit des Dritten Reiches nur die Männer um den 20. Juli 1944 einer lobenden Erwähnung wert wären, alle anderen höchstens mit starken Relativierungen und vielem Wenn und Aber. Die geistigen Fußangeln, die wir uns selbst immer wieder in den Weg legen, werden inzwischen im Ausland belächelt oder mit verständnislosem Kopfschütteln quittiert. Lächerlichkeit aber ist schlimmer als Anfeindung!

Für das Traditionsbewußtsein und -verständnis spielen äußere Dinge eine große Rolle. Wenn man an Feldzeichen und Fahnen, an Orden und Ehrenzeichen, an Ehrenmale und Denkmäler, besonders aber an militärisches Zeremoniell, zum Beispiel Vereidigung oder Großer Zapfenstreich, denkt[7], erkennt man, wie weit sich der Bogen traditioneller Äußerlichkeiten gerade im militärischen Bereich spannt. Man sollte aber nicht übersehen, daß auch anderswo Zeremoniell und Formen eine große Bedeutung haben, etwa in den Kirchen, in der Justiz, bei Staatsakten usw. »Gemeinschaften werden am empfindlichsten getroffen, wenn ihre Symbole, Gebräuche und Zeremonielle verächtlich gemacht oder unterdrückt werden.«[8] Das wissen in Deutschland beide Seiten sehr genau, wenn beispielsweise öffentliche Gelöbnisfeiern der Bundeswehr (Vereidigungen) gestört oder lächerlich gemacht werden. Viel wichtiger aber als diese äußeren Formen, über deren Sinn und Art man sicher im Einzelfall streiten kann[9], sind die für den Soldaten so entscheidenden inneren Werte wie Tapferkeit, Gehorsam, Kameradschaft, Disziplin, Verschwiegenheit, Sorgepflicht für die Untergebenen. Wenn auch in der deutschen Militärgeschichte diese (und andere) Pflichten erstmalig für die Bundeswehr in einem formellen Gesetz festgelegt worden sind[10], entsprechen sie doch im wesentlichen preußisch-deutscher Tradition.

Dies ergibt sich beispielsweise aus einem Vergleich der »Pflichten des deutschen Soldaten« vom 25. Mai 1934 und den Bestimmungen des demokratisch beschlossenen Soldatengesetzes vom 19. März 1956[11].
1934 hieß es:
*Höchste Soldatentugend ist der kämpferische Mut. Er fordert Härte und Entschlossenheit. Feigheit ist schimpflich, Zaudern unsoldatisch.*
In der Formulierung anders, in der Tendenz gleichartig §7 des Soldatengesetzes:
*Der Soldat hat die Pflicht, der Bundesrepublik Deutschland treu zu dienen und das Recht und die Freiheit des deutschen Volkes tapfer zu verteidigen.*
Dazu der wichtige § 6 des Wehrstrafgesetzes[12]:
*Furcht vor persönlicher Gefahr entschuldigt eine Tat nicht, wenn die soldatische Pflicht verlangt, die Gefahr zu bestehen.*
Über die Kameradschaft hieß es 1934:
*Kampfgemeinschaft erfordert Kameradschaft. Sie bewährt sich besonders in Not und Gefahr.*
Und 1956:
*Der Zusammenhalt der Bundeswehr beruht wesentlich auf Kameradschaft. Sie verpflichtet alle Soldaten, die Würde, die Ehre und die Rechte des Kameraden zu achten und ihm in Not und Gefahr beizustehen.*
Gehorsam und Verantwortungsgefühl waren 1934 wie folgt festgelegt:
*Gehorsam ist die Grundlage der Wehrmacht, Vertrauen die Grundlage des Gehorsams. – Soldatisches Führertum beruht auf Verantwortungsfreude, überlegenem Können und unermüdlicher Fürsorge.*
Im Soldatengesetz finden sich sehr ähnliche Grundsätze in den §§ 10 (Pflichten des Vorgesetzten) und 11 (Gehorsam):
*Der Vorgesetzte soll in seiner Haltung und Pflichterfüllung ein Beispiel geben ... Er hat für seine Untergebenen zu sorgen ... Er trägt für seine Befehle die Verantwortung.*
*Der Soldat muß seinen Vorgesetzten gehorchen. Er hat ihre Befehle nach besten Kräften vollständig, gewissenhaft und unverzüglich auszuführen.*
Das Soldatengesetz befaßt sich auch mit unverbindlichen Befehlen (zum Beispiel solchen, die die Menschenwürde verletzen oder die nicht zu dienstlichen Zwecken erteilt worden sind) und Befehlen, die ein

Verbrechen oder Vergehen beinhalten und deshalb nicht zu befolgen sind. Ein Vergleich mit dem früheren Militärstrafgesetzbuch (MStGB)[13] und der Rechtsprechung der Kriegsgerichte zeigt aber, daß auch insoweit die Unterschiede keineswegs so groß sind, wie es die Autoren der Bewältigungsliteratur glauben machen möchten[14].
Wer sich die Mühe macht, *sine ira et studio* diesen Dingen nachzugehen, wird schnell erkennen, daß es gar nicht schwer ist, eine durchgehende Traditionslinie von den Volksheeren des 19. Jahrhunderts über den Ersten Weltkrieg, die Reichswehr, die Wehrmacht bis zur Bundeswehr zu bejahen. Der Scharnhorstsche Gedanke, daß die Armee an der Spitze des Fortschritts marschieren müsse, läßt sich mit einem gesunden Geschichts- und Traditionsverständnis durchaus verbinden. Dies sollten Bundeswehr und Öffentlichkeit – bei voller Bejahung unserer Demokratie – endlich begreifen.

Anmerkungen:

[1] Joh. Christ. Aug. Heyse, Fremdwörterbuch, 16. Ausg., Hannover 1879.
[2] Die Entwicklung ist u. a. dargestellt bei Carl Hans Hermann, Deutsche Militärgeschichte, Frankfurt/M. 1966; für die Zeit ab etwa 1650 S. 104 ff., ab Franz. Revolution S. 134 ff.
[3] Ursula von Gersdorff. (Hrsg.), Geschichte und Militärgeschichte, Frankfurt/M. 1974, S. 12.
[4] Wie Anm. 3.
[5] Hier muß immer wieder auf Manfred Messerschmidt als einen Protagonisten der negativ verzerrten Wehrmacht-Darstellungen verwiesen werden, vgl. meinen Aufsatz in Soldat im Volk 7–8/93 S. 100 ff. mit weiteren LitHinw.
[6] Die Welt vom 2. 4. 82 und vom 19. 3. 85, Leserbriefschreiber: Commander William E. Grenfell. Der spätere Leserbrief ist teilweise abgedruckt bei Schreiber, Täter, S. 26.
[7] Eine ausführliche Darstellung bei Hans-Peter Stein, Symbole und Zeremoniell in deutschen Streitkräften, Herford 1984. Vgl. auch Caspar – Marwitz – Ottmer, Tradition in deutschen Streitkräften bis 1945, Herford 1986.
[8] Ottmer bei Hans-Peter Stein, wie Anm. 7, S. 23.
[9] Natürlich gilt hier das griechische »panta rhei«: alles entwickelt sich weiter, nichts ist statisch (Heraklit).
[10] Gesetz über die Rechtsstellung der Soldaten (Soldatengesetz), vgl. auch J. Schreiber, Pflichten und Rechte des Soldaten der Bundeswehr, Frankfurt/M. 1970.
[11] BGBl. I S. 114. Spätere Änderungen berühren nicht die Soldatenpflichten.
[12] Wehrstrafgesetz (WStG) vom 30. März 1957, BGBl. I S. 298.
[13] In der Fassung vom 10. Oktober 1940, RGBl. I S. 1347.
[14] Zu verweisen ist vor allem auf die Entscheidung des Reichskriegsgerichts vom 11. August 1938 (RKG Bd. 1, S. 177 ff.), vgl. auch J. Schreiber in NZWehrr 1988 S. 100 ff. sowie oben Kap. 7.

# Nachwort

Wenn heute hochgestellte deutsche Offiziere – zum Beispiel der Generalinspekteur als Vier-Sterne-General und ranghöchster militärischer Repräsentant der Bundeswehr – ihre Auffassung zum Einsatz von Bundeswehrsoldaten außerhalb des NATO-Gebietes (»out of area«) dartun, wenn sie sonstige als »politisch« empfundene Bemerkungen, seien sie warnender oder befürwortender Art, machen, erhebt sich sofort ein lautstarker Chor von Politikern und Publizisten, die meinen, die betreffenden Offiziere zurückpfeifen, in ihre Schranken verweisen und über das Primat der Politik belehren zu müssen. Das sind aber vielfach genau die gleichen, die in der Rückschau mangelndes politisches Engagement der Wehrmacht-Generalität beklagen und bittere Vorwürfe erheben, daß nicht hohe und höchste Offiziere »rechtzeitig« Hitler und der politischen Führung im Dritten Reich die Leviten gelesen, ja sie notfalls einfach abgesetzt hätten.

Karl Dönitz hat in seinen Memoiren geschrieben: »Die Wehrmacht eines Staates wird nicht gefragt, wann und gegen wen sie zu kämpfen hat. Das ist Sache der politischen Führung, die das Primat gegenüber dem Soldaten hat.«[1] Und Arno Plack sagt dazu völlig richtig: »Das ist eine auch heute im demokratischen Rechtsstaat unbestrittene Auffassung.«[2] Wer ist je auf die Idee gekommen, von (führenden) Soldaten öffentliche Erklärungen gegen den Einsatz in Korea, in Vietnam, im Falkland- oder Golfkrieg und in all' den sonstigen Kriegen seit 1945 zu verlangen, geschweige denn, dem Militär insoweit eine moralische oder gar rechtliche Pflicht des Widerstandes aufzuerlegen? Bekanntlich hat es auch in keinem einzigen Fall einen Kriegsverbrecherprozeß, der auch nur annähernd dem Nürnberger Prozeß vergleichbar wäre, gegeben.

Als die Bösewichter dieser Welt bleiben also immer nur die Deutschen übrig, weniger deren Verbündete im Zweiten Weltkrieg; und nur als edel, hochherzig und durch und durch anständig rangieren die westlichen und östlichen Alliierten im historischen Panoptikum. Das Ärgerlichste aber ist, daß die Deutschen selber immer weiter bewältigen, bewältigen und bewältigen. »Allmählich sich verhärtende Radikale und allzu wehrhafte Demokraten kommen wesentlich darin überein, daß

ihnen die tieferen, die triebhaften Motive ihrer Kampfbereitschaft selber gar nicht bewußt sind. Sie brauchen das Bewußtsein einer politischen Sendung und ein Feindbild, um für ihre eigenen aggressiven Neigungen eine honorige Rechtfertigung und Gewissensbeschwichtigung zu bekommen. Sie brauchen zugleich einen Feind, der bedrohlich genug ist, um als Feind sich sehen zu lassen, damit die eigene Grimmigkeit sich nicht der Lächerlichkeit preisgibt.«[3]
Besonders peinlich ist die Situation seit der deutschen Wiedervereinigung. Da kommen die »Bewältiger« aus Ost und West zusammen, um immer neue Verdikte über die Soldaten der früheren Wehrmacht zu verkünden und sich über Geschehnisse im Dritten Reich aufzuregen, während die zum Teil erst wenige Jahre zurückliegenden Untaten des SED-Regimes in vielen Kreisen mit dem Mantel der Liebe überdeckt werden. Was fünf oder zehn Jahre zurückliegt, bedarf – wie mancherorts in den alten und neuen Bundesländern gefordert wird – einer Amnestie und sollte allgemeinem Vergessen anheimfallen. Was fünfzig Jahre zurückliegt, wird dagegen immer wieder moralisierend und beckmessernd aufgewühlt.
Vergessen wir nicht, was einer der tapfersten Gegner des Nationalsozialismus, Bischof Clemens August Graf von Galen, wenige Wochen nach dem Schweigen der Waffen, nämlich am 5. Juni 1945, in seinem Bistumsblatt verkünden ließ:[4] »Wir wollen auch innig danken unseren christlichen Soldaten, jenen, die in gutem Glauben, das Rechte zu tun, ihr Leben eingesetzt haben für Volk und Vaterland und auch im Kriegsgetümmel Herz und Hand rein bewahrt haben von Haß, Plünderung und ungerechter Gewalttat. Gott der Herr, der Herzen und Nieren durchforscht, richtet nicht nach dem äußeren Erfolg, sondern nach der inneren Gesinnung und Gewissenhaftigkeit und wird das Gute belohnen, das Böse bestrafen nach Verdienst.«
Das waren für die heimkehrenden Soldaten und die Hinterbliebenen der Gefallenen andere Worte als die primitiven und verunglimpfenden Erklärungen der (deutschen und ausländischen) »neuen Machthaber« ab Mai 1945. Mit den edlen Worten des bekannten katholischen Kirchenfürsten mag sich jeder seine Gedanken machen, wer und wieviele zu den Schuldigen in und für Auschwitz, wer aber und wieviele zu den Kämpfern und Opfern von Stalingrad und zu den im Bombenhagel Zugrundegegangenen von Dresden zu zählen sind, wobei die drei Ortsna-

men nur Symbolcharakter tragen, jeweils für große Gruppen von Menschen an den verschiedensten Orten, aber unter ähnlichen Bedingungen.

Die 15 bis 17 Millionen, die im Laufe des Zweiten Weltkrieges die deutsche Wehrmachtuniform getragen haben, sind nicht ausgezogen, um möglichst viele Menschen zu töten, auch nicht, um fremde Länder zu erobern oder um Abenteuer zu erleben. Sie waren durchweg gutgläubig, ihre Pflicht – für viele ganz gewiß eine ungeliebte Pflicht – tun zu müssen, wie es Soldaten in aller Welt seit eh und je getan haben und auch heute tun. Im Fronteinsatz, auch wenn es kürzere oder längere Kampfpausen gibt, ist für den Soldaten wenig Raum zu tiefschürfenden allgemeinen Überlegungen. Treffend sagt K.-J. Müller[5] über den Frontoffizier: »Die alle Kräfte beanspruchende Belastung des Kampfes unter schwersten Bedingungen, die beständig lastende Sorge um die anvertrauten Männer, die Überwältigung durch die alltäglichen elementaren Bedürfnisse und Anforderungen ließen wenig Raum und Neigung zu tieferem Nachdenken.« Und die Feldpostbriefe aus der Heimat hatten auch kaum philosophische Betrachtungen zum Gegenstand, auch nicht Themen wie politische Verfolgung u. ä. Kaum einer kannte deshalb den Namen Auschwitz, geschweige denn das, was sich dort tat; aber fast alle verbanden mit den Namen Stalingrad und Dresden eindringliche Vorstellungen vom Kampf, Leiden und Sterben. Es gibt kaum eine Familie in Deutschland, die nicht einen Angehörigen, einen Freund oder Bekannten in Stalingrad oder in all' den anderen Schlachten oder in der Kriegsgefangenschaft verloren hat.[6] Vergessen wir dabei auch nicht die Opfer des Bombenkrieges und der Vertreibung!

Plakatierende Bezeichnungen für eine ganze Generation machen keinen rechten Sinn. Wenn man aber unbedingt die Generation der etwa zwischen 1890 und 1930 Geborenen mit einem Schlagwort belegen will, dann ist es nicht eine Auschwitz-, sondern eine Stalingrad/Dresden-Generation!

Kein Amerikaner redet ständig und voller Bußfertigkeit über die Ausrottung der Indianer, kein Brite über die grausame Bekämpfung Aufständischer in Indien und Afrika oder die Einrichtung der Konzentrationslager im Burenkrieg, kein Franzose über Scheußlichkeiten in Indochina oder Algerien, kein Italiener über den Giftgaseinsatz 1936 in Abessinien; und Spanier und Portugiesen schlagen sich auch nicht ständig schuldbewußt an die eigene Brust, wenn sie an ihre kolonialen Eroberungen und Ausbeutungen denken. Und die Russen? Sie geben die rücksichtslosen Ausrottungen der Kulaken, die Massenmorde am eigenen Offizierkorps 1937 ff. und vor allem das Abschlachten polnischer Offiziere und Intelligenzler (u. a. Katyn) neuerdings zu, aber sie ergehen sich nicht in ständigem Schuld- und Wiedergutmachungsjammern.

*Es ist zu fürchten, daß die steten Sühne-, Reue- und Betroffenheitsrituale – vor allem auch von hohen und höchsten deutschen Politikern[7] – in erheblichem Maße zur Entwicklung eines Rechtsradikalismus beitragen, weil sich Menschen, die 1950, 1960 oder 1970 geboren sind, es sich einfach nicht gefallen lassen, daß man ihnen immer aufs Neue einredet, daß sie und ihre Kinder und Kindeskinder einem Volk von Sündern und Dauerbußwilligen angehören.*

Das und nicht die Ableugnung von beweisbaren Scheußlichkeiten aus der Vergangenheit ist der Sinn der Formel

»**Nicht Auschwitz, aber Stalingrad und Dresden.**«

Anmerkungen:

[1] Dönitz S. 299.
[2] Plack S. 73.
[3] Plack S. 9 f.
[4] Mitteilungen der Bischöflichen Behörde zu Münster vom 15. 8. 45.
[5] a. a. O. S. 186.
[6] Mein Familien- und Freundeskreis ist nicht einmal extrem stark betroffen, doch möchte ich meinen Vetter Klaus, der 1944 in Italien gefallen ist, erwähnen; zwei Freunde (Brüder) aus frühester Jugendzeit, etwas älter als ich, fielen in Rußland, davon einer in Stalingrad, mein bester Freund aus Berliner Tagen verstarb in sowjetischer Kriegsgefangenschaft und mehrere meiner Klassenkameraden aus Braunschweig sind noch in den letzten Kriegsmonaten gefallen.
[7] So lehnte anläßlich einer Sondersitzung des Deutschen Bundestages zur 55. Wiederkehr der Pogromnacht vom 9. 11. 38 die Bundestagspräsidentin, Frau Professor Dr. Rita Süssmuth, jeden Vergleich zwischen NS-Verbrechen und Verbrechen anderer Völker kategorisch ab. »Hier ist nichts zu vergleichen oder in Beziehung zueinander zu setzen«, erklärte sie lt. General-Anzeiger (Bonn) vom 10. 11. 93. – Geschichtskenntnisse sind eben eines und Ideologie etwas anderes!

# Anhang 1
# Bilanz der Kriege

## Menschenverluste

### Erster Weltkrieg
| | |
|---|---:|
| Gefallene deutsche Soldaten | 1 937 000 |
| Vermißte deutsche Soldaten | 100 000 |
| Gefallene und vermißte Soldaten der übrigen Welt | 7 200 000 |
| Zivilbevölkerung der Welt | 500 000 |
| **Erster Weltkrieg insgesamt** | **9 737 000** |

### Zweiter Weltkrieg
| | |
|---|---:|
| Gefallene deutsche Soldaten (einschl. Österreich) | 3 100 000 |
| Vermißte deutsche Soldaten (einschl. Österreich) | 1 200 000 |
| Deutsche Zivilbevölkerung | 500 000 |
| Durch Vertreibung und Verschleppung starben | 2 251 500 |
| Zivilbevölkerung in Österreich | 24 300 |
| Deutsche, durch politische, rassische und religiöse Verfolgung getötet | 300 000 |
| **Deutsche Verluste insgesamt** | **7 375 800** |
| Streitkräfte Italiens | 313 000 |
| Zivilbevölkerung Italiens | 165 700 |
| Streitkräfte der westl. Alliierten (ohne Vereinigte Staaten) | 610 000 |
| Zivilbevölkerung der westlichen Alliierten | 690 000 |
| Streitkräfte der ost- und südosteuropäischen Länder (ohne Sowjetunion) | 1 000 000 |
| Zivilbevölkerung der ost- und südosteuropäischen Länder (ohne Sowjetunion) | 8 010 000 |
| Sowjetische Streitkräfte | 13 600 000 |
| Zivilbevölkerung der Sowjetunion | 6 700 000 |
| Streitkräfte der Vereinigten Staaten | 229 000 |
| Streitkräfte der übrigen Welt, insbesondere Ostasiens | 7 600 000 |
| Zivilbevölkerung der übrigen Welt, insbes. Ostasiens | 6 000 000 |
| Vermißte des Zweiten Weltkrieges, soweit als verstorben anzusehen | 3 000 000 |
| **Menschenverluste im Zweiten Weltkrieg insgesamt** | **55 293 500** |
| **Kriegsbeschädigte des Ersten Weltkrieges** | **21 100 000** |
| **Kriegsbeschädigte des Zweiten Weltkrieges** | **35 000 000** |

Über 120 Millionen Menschen bezahlten die beiden großen Kriege unseres Jahrhunderts mit Leben und Gesundheit!

(Das Zahlenmaterial stammt aus Unterlagen der Deutschen Dienststelle in Berlin, frühere Wehrmacht-Auskunftsstelle)

# Anhang 2
# »Opfer und Täter«

**Auszug aus einer Rede, die Dr. Alfred Dregger, MdB, am 25. April 1986 im Deutschen Bundestag gehalten hat**

»In der letzten Zeit wird zunehmend die Ansicht geäußert, man könne die Opfer und die Täter nicht gemeinsam ehren. Dabei bleibt häufig offen, wer mit den Begriffen »Täter« und »Opfer« gemeint sein könnte. Überprüfen wir es an Hand der schrecklichen Verlustbilanz unseres Volkes seit 1914:
- 300 000 Deutsche starben seitdem als rassisch, religiös und politisch Verfolgte;
- 500 000 Deutsche starben als Opfer des gegen die Zivilbevölkerung geführten Bombenkrieges;
- 2,2 Millionen Deutsche starben als Opfer von Flucht und Vertreibung;
- 2 Millionen deutsche Soldaten starben im Ersten Weltkrieg;
- 3,1 Millionen deutsche Soldaten starben im Zweiten Weltkrieg; außerdem blieben 1,2 Millionen deutsche Soldaten im Zweiten Weltkrieg vermißt.

Das sind fast zehn Millionen Angehörige unseres Volkes, die seit 1914 gewaltsam vom Leben zum Tode befördert wurden. Es gibt – wie wir wissen – kaum eine Familie in unserem Volk, die nicht einen Angehörigen auf diese oder jene Weise verloren hat.
Ich frage: Wer will sich zum Richter dieser Toten aufspielen, die stumm sind und sich nicht verteidigen können? Wer will sich anmaßen, sie in die Kategorie »Opfer« und »Täter« einzuteilen? Ich bin jedenfalls nicht dazu bereit. Ich schließe keinen dieser nahezu zehn Millionen Toten aus. Ich schließe sie alle – ohne Ausnahme – in mein Gebet ein. Ich will nichts anderes sein als ihr Anwalt und Fürsprech und zugleich der Anwalt und Fürsprech des gequälten und dezimierten Volkes, aus dem sie hervorgegangen sind.
Was die Opfer der nationalsozialistischen Gewaltherrschaft angeht, möchte ich folgendes zu bedenken geben:
Unter ihnen sind nicht wenige, die nur deshalb Opfer des Widerstandes wurden, weil sie nicht schon vorher als Soldaten gefallen waren. Denn

es waren ja nicht zuletzt Soldaten – nicht wenige von ihnen mehrfach verwundet und mit Tapferkeitsauszeichnungen hochdekoriert –, die am 20. Juli 1944 den Aufstand gegen Hitler gewagt haben. Ein weiteres:
Von den tragischen Verstrickungen unserer Geschichte sind die meisten Opfer des Widerstandes gewiß nicht freier als z. B. mein Bruder, der 1944 als 18jähriger an der Ostfront vermißt blieb. Ich erwähne ihn, um damit deutlich zu machen, daß hinter den abstrakten Kollektivbezeichnungen wie »Täter« und »Opfer«, die »Russen«, die »Deutschen«, die »Kommunisten«, die »Juden«, jeweils einzelne Menschen mit ihrem individuellen nicht wiederholbaren, unvergleichlichen Schicksal stehen. Es gehört wohl zu den größten Grausamkeiten unseres Jahrhunderts, die Einzelmenschen zu gesichtslosen Massenartikeln von Kollektiven herabzuwürdigen.
Aus all dem möchte ich den Schluß ziehen: Man kann die Toten unseres Vokes nicht nach Spruchkammerkategorien in Gerechte und Ungerechte einteilen. Im übrigen: Jeder einzelne dieser Toten hat bereits vor dem obersten Richter gestanden, vor dem auch wir einmal stehen werden. Ich bin sicher, daß dieser die Toten nicht nach der Uniform oder nach der Sträflingskleidung beurteilen wird, die sie getragen haben, nicht nach der Frage, ob sie zu den Siegern oder den Besiegten gehört haben und auch nicht nach der moralischen und politischen Qualität derer, die diese in den Tod geschickt haben. Der Herrgott wird jeden einzelnen von uns für sein persönliches Verhalten in Anspruch nehmen – und für sonst nichts.«

(Zitiert nach der Sonderausgabe von »Soldat im Volk« August 1989)

# Anhang 3

# MANIFEST
# deutscher Soldaten zum 1. September 1989

Wir Deutsche erinnern uns am 1. September 1989 des Kriegsbeginns vor 50 Jahren. Wir empfinden Trauer und Bedrückung. Mehr denn je hoffen die Menschen unseres Kontinents, daß dieser Krieg der letzte war, in dem die Völker Europas die Waffen gegeneinander erhoben haben. Wir Soldaten des Zweiten Weltkrieges, die in den deutschen Streitkräften gedient haben, kämpften in dem Glauben, unserem Vaterland, Deutschland, dienen zu müssen. Von nationalsozialistischen Verbrechen distanzieren wir uns entschieden.

1. Die Verbände der Wehrmacht bestanden aus Berufssoldaten, kraft Gesetzes Eingezogenen und Freiwilligen. Die Berufssoldaten durften schon in der Reichswehr, also seit Anfang der 20er Jahre, nicht Mitglied einer Partei sein und besaßen kein Wahlrecht. Für Eingezogene und Freiwillige ruhte während des Wehrdienstes eine Mitgliedschaft in der NSDAP und ihren Gliederungen.
2. Unter den Soldaten befanden sich zahlreiche Männer, die die NS-Diktatur ablehnten. Für sie war die Wehrmacht oft die letzte Zuflucht, um Drangsalierungen zu entgehen. Sie kämpften, litten und fielen für unser Volk und unser Vaterland – nicht für Hitler.
3. Die überwiegende Mehrheit der deutschen Kriegsteilnehmer waren junge Soldaten, die bei der Machtübernahme 1933 noch nicht volljährig waren. Keiner dieser Soldaten hat den Untergang der Weimarer Republik verschuldet, keiner dem »Ermächtigungsgesetz« für Hitler zugestimmt.
4. Diese Generation war es, die den Krieg aktiv zu führen hatte. Sie war es aber auch, die dann unsere Bundesrepublik Deutschland aufbaute. Es waren vor allem die ehemaligen Soldaten, oft belastet durch Verwundung und Gefangenschaft, es waren die Frauen nach durchlittenem Bombenhagel, oft Witwen oder Waisen, und es waren die Deutschen, die man aus ihrer angestammten Heimat vertrieben hatte.

5. Den Männern und Frauen des Widerstandes, die als Patrioten gerade am 20. Juli 1944 ihr Leben einsetzten, gilt unsere Achtung. In die Würdigung ihres Opfers können wir nicht die Handlungen des »Nationalkomitees Freies Deutschland« und des »Bundes deutscher Offiziere« in den Gefangenenlagern der Sowjetunion einbeziehen, die weitgehend von Stalin und den Sowjets gesteuert waren. Unsere Ablehnung gilt auch der Ehrung von Deserteuren. Zu allen Zeiten und bei allen Völkern ist der Deserteur, der seine Kameraden in Not und Gefahr im Stich läßt, von härtesten Strafen bedroht. Eine Aufwertung der Desertion durch Denkmäler u. ä. muß jeden Soldaten des Zweiten Weltkrieges, jeden Soldaten der Bundeswehr und alle ihre Angehörigen beleidigen. Derartige Pläne unterlaufen und verhöhnen gültige Gesetze zur Verteidigung unseres Vaterlandes, zur Verteidigung von Recht und Freiheit.
6. Es gehört zum Erbe aller Kulturvölker, in Ehrfurcht derer zu gedenken, die für ihr Volk gefallen sind. Die im Zweiten Weltkrieg gefallenen deutschen Soldaten verdienen die gleiche Achtung. Keiner der damaligen Gegner Deutschlands, weder Amerikaner noch Engländer, Franzosen, Kanadier, Polen, Russen usw., versteht, daß bei uns Ehrenmale für Gefallene beschmutzt und sogar zerstört werden.
7. Einzelne deutsche Soldaten haben menschlich versagt, ja sogar Verbrechen begangen. Das kann nicht überraschen bei mehr als 15 Millionen Männern während einer Kriegsdauer von fast sechs Jahren. Menschliches Versagen gab es bei Freund und Feind, bei Soldaten und Zivilisten. Wir deutschen Soldaten des Zweiten Weltkrieges distanzieren uns nachdrücklich von Verbrechern. Gleichzeitig protestieren wir gegen die pauschale Einstufung des deutschen Soldaten als »Verbrecher«, »Mörder«, »Täter« und dergleichen. Wir sprechen auch für unsere gefallenen und verstorbenen Kameraden, die sich nicht mehr wehren können. Wir sprechen für ihre Witwen und Waisen. Wir sprechen für alle deutschen Familien, deren Männer Soldaten waren.
8. Wer heute den deutschen Soldaten verunglimpft, ist entweder unwissend oder bewußt ungerecht. Er leugnet sowohl Fakten wie Zusammenhänge. Er will nicht wahrhaben, daß die Sicherung des Friedens in Freiheit durch unsere Bundeswehr in der NATO weitgehend zustandegekommen ist auf Grund des Respektes ehemaliger Kriegs-

gegner gegenüber dem guten Ruf und der Leistung des deutschen Soldaten.
9. Weil wir den Krieg kennen, lieben wir den Frieden. Von sogenannten »Friedensbewegungen« unterscheiden wir uns u. a. durch die Erkenntnis, daß »Friede und Freiheit« auf die Dauer nur durch eine der Weltlage angemessene Verteidigungsfähigkeit und -bereitschaft gesichert werden kann. Denn wir lieben auch die Freiheit.

(Veröffentlicht in der Sonderausgabe von »Soldat im Volk« August 1989)

# Literaturverzeichnis

*Die nachfolgend genannten Werke werden in den Anmerkungen zu den einzelnen Kapiteln nur mit dem Namen des Autors zitiert, z. B. »Haffner S. 10«. Ist ein Autor mit mehreren Werken genannt, wird mit Namen und Stichwort des Buchtitels zitiert, z. B. »Schwinge, Bilanz, S. 10«.*

*Einige für die Hauptthematik weniger wichtige Bücher sowie Aufsätze in Zeitungen und Zeitschriften sind nur in den Anmerkungen am Schluß der Kapitel angeführt.*

Böddeker, Günter: Die Flüchtlinge. Die Vertreibung der Deutschen im Osten. München – Berlin 1980.

Bösch, Hermann: Dr. Karl Sack. Wehrmachtrichter in der Zeit des Nationalsozialismus. Bonn 1993.

Boog, Horst: Die deutsche Luftwaffenführung 1935–1945. Führungsprobleme, Spitzengliederung, Generalstabsausbildung. Stuttgart 1982.

Dönitz, Karl: Zehn Jahre und zwanzig Tage. 2. Aufl. Frankfurt/M. – Bonn 1963.

Fest, Joachim C.: Hitler. Eine Biographie. 3. Aufl. Frankfurt/M. – Berlin – Wien 1973.

Feuchter, Georg W.: Der Luftkrieg. 3. Aufl. Frankfurt /M. – Bonn 1964.

Filbinger, Hans: Die geschmähte Generation. München 1987.

Franzen, Hans: Im Wandel des Zeitgeistes 1931–1991. Euphorien, Ängste, Herausforderungen. München 1992.

Frischauer, Willi: Ein Marschallstab zerbrach. Eine Göring-Biographie. Ulm 1951.

Galland, Adolf: Die Ersten und die Letzten. Darmstadt 1953.

Gordon, Harold J.: Die Reichswehr und die Weimarer Republik. 1919–1926. Frankfurt/M. 1959.

Haffner, Sebastian: Anmerkungen zu Hitler. 5. Aufl. München 1978.

Heizler, Rudolf: Die Exekution und andere Beobachtungen eines Zeitzeugen. München 1989.

Hueber, Alfons (Hrsg.): 8. Mai 1945 – Ein Tag der Befreiung? Tübingen 1987.

Irving, David: Die Tragödie der Deutschen Luftwaffe. Frankfurt/M. – Berlin – Wien 1970.

Klose, Werner: Generation im Gleichschritt: Die Hitlerjugend. Neuausgabe. Oldenburg – Hamburg – München 1982.

Klüver, Max: Präventivschlag 1941. Zur Vorgeschichte des Rußland-Feldzuges. 2. Aufl. Leoni am Starnberger See 1989.

Kosiek, Rolf: Historikerstreit und Geschichtsrevision. 2. Aufl. Tübingen 1988.

Leonhard, Wolfgang: Die Revolution entläßt ihre Kinder. Neuauflage Köln 1981/1987.

Lüdde-Neurath, Walter: Regierung Dönitz. Die letzten Tage des Dritten Reiches. 5. Aufl. Leoni am Starnberger See 1981.

Manstein, Erich von: Verlorene Siege. Frankfurt/M. – Bonn 1964.

Mau, Hermann – Krausnick, Helmut: Deutsche Geschichte der jüngsten Vergangenheit 1933–1945. Sonderausgabe des Bundesministeriums für Verteidigung. Köln 1956.

McKee, Alexander: Dresden 1945. Das deutsche Hiroshima. Wien – Hamburg 1983.

Meissner, Hans Otto: Die Machtergreifung. 30. Januar 1933. Esslingen 1983.

Mende, Erich: Das verdammte Gewissen. Zeuge der Zeit 1921–1945. München – Berlin 1982.

Messerschmidt, Manfred: Die Wehrmacht im nationalsozialistischen Staat. Zeit der Indoktrination. Hamburg 1969.

Messerschmidt, Manfred – Wüllner, Fritz: Die Wehrmachtjustiz im Dienste des Nationalsozialismus. Baden-Baden 1987.

Müller, Ingo: Furchtbare Juristen. Die unbewältigte Vergangenheit unserer Justiz. München 1987.

Müller, Klaus-Jürgen (Hrsg.): Schicksalsjahre deutscher Geschichte 1914–1939–1944. Boppard 1964.

Nicolaisen, Hans-Dietrich: Die Flakhelfer. Luftwaffenhelfer und Marinehelfer im Zweiten Weltkrieg. Berlin –Frankfurt/M. – Wien 1981.

Nicolaisen, Hans-Dietrich: Gruppenfeuer und Salventakt. Schüler und Lehrlinge bei der Flak 1943–1945. (2 Bde.) Büsum 1993.

Picker, Henry: Hitlers Tischgespräche. Im Führerhauptquartier 1941 – 42. Bonn 1951.

Plack, Arno: Wie oft wird Hitler noch besiegt? Düsseldorf 1982.
Rings, Werner: Kollaboration und Widerstand. Europa im Krieg 1939–1945. Zürich 1979.
Roloff, Ernst-August: Braunschweig und der Staat von Weimar. Braunschweig 1964.
Roloff, Ernst-August: Tradition und Wandel (Teil II von: 100 Jahre Bürgertum in Braunschweig). Braunschweig 1987.
Schreiber, Jürgen: Waren wir Täter? Gegen die Volksverdummung in unserer Zeit. 2. Aufl. Berg am See 1991.
Schreiber, Jürgen (Hrsg.): Bewältigung der Vergangenheit, aber wie? Bonn 1992.
Schweling, Otto Peter: Die deutsche Militärjustiz in der Zeit des Nationalsozialismus. 2. Aufl. Marburg 1978.
Schwengler, Walter: Völkerrecht, Versailler Vertrag und Auslieferungsfrage. Die Strafverfolgung wegen Kriegsverbrechen als Problem des Friedensschlusses 1919/20. Stuttgart 1982.
Schwinge, Erich: Ehrenschutz heute. Die Schutzlosigkeit der Führungskräfte. Tübingen 1988.
Schwinge, Erich: Bilanz der Kriegsgeneration. Ein Beitrag zur Geschichte unserer Zeit. 15. Aufl. Marburg 1990.
Schwinge, Erich: Verfälschung und Wahrheit. Das Bild der Wehrmachtgerichtsbarkeit. 2. Aufl. Tübingen 1992.
Schwinge, Erich: Bundeswehr und Wehrmacht. Zum Problem der Traditionswürdigkeit. 2. Aufl. Bonn 1992.
Schwinge, Erich: Wehrmachtgerichtsbarkeit eine Terrorjustiz? Bonn 1993.
Seeckt, Hans von: Gedanken eines Soldaten. Leipzig 1935.
Stalling Verlag (Hrsg.): Bilanz des Zweiten Weltkrieges. Erkenntnisse und Verpflichtungen für die Zukunft. Oldenburg – Hamburg 1953.
Steinbuch, Karl: Schluß mit der ideologischen Verwüstung! Plädoyer für die brachliegende Vernunft. Herford 1986.
Steinbuch, Karl: Kollektive Dummheit. Streitschrift gegen den Zeitgeist. München – Berlin 1992.
Steiner, Felix: Die Armee der Geächteten. 4. Aufl. Pr. Oldendorf 1971.
Steinhoff, Johannes – Pechel, Peter – Showalter, Dennis: Deutsche im Zweiten Weltkrieg. Zeitzeugen sprechen. München 1989.

Suworow, Viktor: Der Eisbrecher. Hitler in Stalins Kalkül. 3. Aufl. Stuttgart 1989.

Topitsch, Ernst: Stalins Krieg. Moskaus Griff nach der Weltherrschaft – Strategie und Scheitern. Herford 1993.

Verrier, Anthony: Bomberoffensive gegen Deutschland 1939–1945. Frankfurt/M. 1970.

Westphal, Siegfried: Erinnerungen. Mainz 1975.

Westphal, Siegfried: Der Deutsche Generalstab auf der Anklagebank. Nürnberg 1945–1948. Mainz 1978.

Wohlfeil, Rainer – Dollinger, Hans: Die deutsche Reichswehr. Zur Geschichte des Hunderttausend-Mann-Heeres 1919–1933. Frankfurt/M. 1972.

Wüllner, Fritz: Die NS-Militärjustiz und das Elend der Geschichtsschreibung. Baden-Baden 1991.

Zayas, Alfred M. de: Die Wehrmacht-Untersuchungsstelle. Deutsche Ermittlungen über alliierte Völkerrechtsverletzungen im Zweiten Weltkrieg. 2. Aufl. München 1980.

Zayas, Alfred M. de: Anmerkungen zur Vertreibung der Deutschen aus dem Osten. Stuttgart – Berlin – Köln – Mainz 1986.

Ziesel, Kurt: Die Meinungsmacher. 2. Aufl. München 1988.

# Zur Person

Geboren am 29. Januar 1926 in Berlin-Charlottenburg.
Volksschule 1932–1936 in Berlin-Schöneberg.
Prinz-Heinrichs-Gymnasium in Berlin-Schöneberg 1936–1938.
Wilhelm-Gymnasium in Braunschweig 1938–1943.
1943 Luftwaffenhelfer (7 Monate).
1943 Reichsarbeitsdienst (RAD).
1944 Rekrutenzeit, Flugzeugführerausbildung, Offizierausbildung.
1944/45 Jagdfliegerschule mit kurzem Erdkampfeinsatz.
1945 Kriegsgefangenschaft (US/brit. = 3 Monate).
1945–1947 Ergänzungskursus für Reifevermerksinhaber, Banklehre.
1947–1951 Studium Jura und Volkswirtschaft (Würzburg/Bonn).
1. und 2. jur. Staatsexamen und Promotion zum Dr. jur.
1955 Assessor/Gerichtsassessor bei der Staatsanwaltschaft (Köln).
1955–1961 Jurist im Bundesverteidigungsministerium (zuletzt Ob-RegRat).
Fünf Wehrübungen Leutnant – Hauptmann d. R.
1961–1964 Kompaniechef in einem Ausbildungsregiment, dann Offizier z. b. V. in einem Jagdbombergeschwader.
1964–1966 Generalstabsausbildung.
13. August 1964 Major.
1966–1978 Generalstabsoffizier (Lw-Division, Führungsakademie, Bundesverteidigungsministerium).
12. Februar 1971 Oberst i. G.
1. Oktober 1978 Brigadegeneral (Führungsakademie).
1984–1986 Kommandeur Luftwaffenausbildungskommando.
26. Juli 1984 Generalmajor.
1. Oktober 1986 Ruhestand.
Heute Präsident des Ringes Deutscher Soldatenverbände (RDS), Bundesvorsitzender des Verbandes deutscher Soldaten (VdS), Bundesvorsitzender des Deutschen Luftwaffenringes (DLwR),

Präsidiumsmitglied der Confédération Européenne des Anciens Combattants (CEAC) in Paris,
Ehrenmitglied der Associazione Arma Aeronautica in Rom.

**Auszeichnungen:** Bundesverdienstkreuz am Bande und 1. Klasse, Ehrenkreuz der Bundeswehr in Gold, div. Sportehrenzeichen, Flugzeugführerabzeichen der Wehrmacht und der Bundeswehr, italienisches Militärflugzeugführerabzeichen.

# Schriftenreihe des Ringes Deutscher Soldatenverbände (RDS)

## Band 1
Professor Dr. Erich Schwinge:
### Bundeswehr und Wehrmacht
#### Zum Problem der Traditionswürdigkeit
2. verbesserte Auflage, Bonn 1992.
80 Seiten. **DM 14,80**

In der Schriftenreihe des RDS befaßt sich der Verfasser mit dem Traditionserlaß von 1965 und den Gegnern der Traditionswürdigkeit der Wehrmacht. Er bejaht die Traditionswürdigkeit, warnt vor Einseitigkeit der Betrachtungsweise, zeigt die militärische Leistung der Wehrmacht aus der Sicht ihrer Gegner auf und zieht Vergleiche zwischen den Streitkräften der im 2. Weltkrieg beteiligten Nationen.

## Band 2
Generalmajor a. D. Dr. Jürgen Schreiber (Hrsg.):
### Bewältigung der Vergangenheit, aber wie?
#### Vorträge und Aufsätze zu einem leidigen Thema unserer Zeit
Bonn 1992
88 Seiten. **DM 14,60**

In diesem Buch kommen zu den bekannten Fragen sogenannter Vergangenheitsbewältigung ein Universitätsprofessor, ein Staatssekretär, drei Generale, ein Oberst sowie ein Reserveoffizier zu Wort, die aus verschiedenen Gesichtswinkeln Stellung beziehen gegen die meist sehr einseitige Betrachtung der früheren Wehrmacht durch bundesdeutsche Wissenschaftler, Politiker und Journalisten.

**Band 3**

Professor Dr. Erich Schwinge:

## Wehrmachtgerichtsbarkeit eine Terrorjustiz?

### Gedanken zu einem Urteil des Bundessozialgerichts

Bonn 1993.
72 Seiten. **DM 14,00**

Eine nicht nur für Juristen, sondern für alle zeitgeschichtlich Interessierten wichtige Kritik an einem höchstrichterlichen Urteil, das Geschehnisse des 2. Weltkrieges in völlig verzerrter Form wiedergibt.

**Band 4**

Oberstudiendirektor Hermann Bösch:

## Dr. Karl Sack

### Wehrmachtrichter in der Zeit des Nationalsozialismus

Bonn 1993
208 Seiten. **DM 19,80**

Eine Darstellung des Lebenslaufs des Chefs der Heeresjustiz, der 1945 in Flossenbürg zusammen mit Canaris, Oster und Bonhoeffer ermordet worden ist. Der Leser stößt auf eine Vielzahl von geschichtlichen Fakten, die anderweitig kaum erwähnt und ausgewertet sind.

Für Tradition und Fortschritt europäischen Soldatentums

# Soldat im Volk

Organ des Verbandes deutscher Soldaten e.V. (VdS)
Organ des Ringes Deutscher Soldatenverbände (RDS)

---

Die Monatszeitschrift,
die seit mehr als 40 Jahren als das Organ
des ersten soldatischen Verbandes
in der Bundesrepublik Deutschland gilt:

VERBAND DEUTSCHER SOLDATEN (VdS) e.V.
mit mehr als 80.000 Mitgliedern und
62 korporativ angeschlossenen Verbänden

## Wir be- und unterrichten

unabhängig und zeitnah in einer konservativen Grundhaltung, wobei wir Bewährtes zu erhalten und Nutzbringendes zu fördern trachten.

## Wir informieren

über aktuelle Fakten aus der Sicherheits- und Verteidigungspolitik.

## Wir bejahen und fördern

den Wehrwillen innerhalb einer wehrhaften Demokratie und wenden uns gegen extremistische Ansätze von »links« und von »rechts«.

## Wir setzen uns für unser Vaterland ein!

Redaktion und Vertrieb: Postfach 201365, 53143 Bonn

# Der Ring
## Deutscher Soldatenverbände (RDS)

Der RDS bekennt sich zu der im Grundgesetz verankerten demokratischen Staatsauffassung. Er ist an keine politische Partei gebunden und konfessionell neutral.

Aufgabe des RDS ist die Wahrnehmung ideeller Interessen der Mitglieder.

Hierzu gehören:

1. Eintreten für Ehre und Recht aller Soldaten, ihrer Angehörigen und Hinterbliebenen, insbesondere durch die Förderung der Fürsorge für Kriegsopfer, Kriegshinterbliebene, Kriegsbeschädigte, Kriegsgefangene und ehemalige Kriegsgefangene, ferner Pflege und Schutz des Andenkens der in Erfüllung ihrer staatsbürgerlichen Pflicht Gefallenen und Verstorbenen durch Errichtung, Pflege und Erhaltung von Kriegsgräbern und Ehrenmalen für Kriegsopfer und Förderung der Kriegsgräberfürsorge, des Suchdienstes für Vermißte und der Altenfürsorge;

2. Förderung des Wehrgedankens im Volksbewußtsein durch wehrethische Öffentlichkeitsarbeit in Wort und Schrift im Rahmen von Bildungsprogrammen und der Verteidigungsbereitschaft im Sinne des unveräußerlichen Rechts des freien deutschen Volkes unter Pflege enger Verbindung zur Bundeswehr;

3. Förderung der Jugendpflege und Jugendfürsorge durch internationalen Jugendaustausch und Begegnungen im Sinne von Annäherung und Verständigung;

4. Zusammenarbeit mit Verbänden gleichartiger Zielsetzung unter Hauptaugenmerk auf internationaler Ebene zur Förderung des Völkerverständigungsgedankens, der Versöhnung und damit des Friedenswillens; dabei Bekämpfung jeder Diffamierung deutschen Soldatentums sowie Bejahung überlieferungswürdiger Tradition und Pflege der kameradschaftlichen Verbindung mit den Soldaten aller freien Völker auf der Grundlage gegenseitiger Achtung.